新・名字の言 選集

〈新時代編 ❷〉

聖教新聞社・編

鳳書院

医療従事者に敬意と感謝を込めて東京上空を飛行する航空自衛隊
「ブルーインパルス」。その軌跡を、信濃町の総本部から仰ぎ見る
（2020年５月29日、聖教新聞社提供）

新《しん》・名字《みょうじ》の言《げん》 選集《せんしゅう》

〈新時代編 2〉

「はじめに」にかえて

いのちを守る全《すべ》ての皆さまに感謝

〝見えないけれど大切なもの〟に気付いた

2020・5・2

「夜の闇《やみ》のなかに星が見えるように、苦悩《くのう》のなかにこそ人生の意味が見えるものである」。文豪《ぶんごう》トルストイが書きとどめた、詩人ソローの言葉（北御門《きたみかど》二郎訳）。

コロナ禍《か》の中で、改めて気付いたことがある。人との接触《せっしょく》が制限される中で、初めて見えてきたことがある。「私たちが生きるうえで大切なことは何か」ということ。

「大切なものは目には見えない」とは、サン＝テグジュペリの『星の王子さま』

の一節。彼がこの言葉を記《しる》す十数年前、童謡《どうよう》詩人の金子みすゞはうたった。「青いお空の底《そこ》ふかく、／海の小石のそのように、／夜がくるまで沈《しず》んでる、／昼のお星は眼《め》にみえぬ。／見えぬけれどもあるんだよ、／見えぬものでもあるんだよ」（「星とたんぽぽ」、『金子みすゞ童謡全集』ＪＵＬＡ出版局）

トルストイはロシア、ソローはアメリカ、サン＝テグジュペリはフランス、金子みすゞは日本。民族や言葉を超《こ》え、「見えないもの」「大切なもの」を見ようとするまなざしは共通する。

いのちを守る医療《いりょう》関係者をはじめ、コロナ禍の最前線で奮闘《ふんとう》される全《すべ》ての皆さまに感謝したい。コロナ終息後《しゅうそくご》の社会のあり方が議論《ぎろん》されるが、「見えないもの」「大切なもの」に改めて気付いた私たちは、より良い社会を建設できると信じる。

危機を乗り越える「行動変容《へんよう》」の羅針盤《らしんばん》

「生命尊厳《そんげん》」の哲理を今こそ時代精神へ

2020・5・3

経済《けいざい》や文化をはじめ、社会のあらゆる分野で深刻《しんこく》な事態が続いている。この危機《きき》を乗《の》り越《こ》える有効な方途《ほうと》は、私たちの「行動変容《へんよう》」だ。その羅針盤《らしんばん》こそ「生命尊厳《そんげん》」の視点《してん》である。

生命の尊厳には、人種や国籍《こくせき》はもちろん、「自分」と「他者」という区別はない。自分の生命を大切にするように、他者の生命もまた大切にしていく。そのために重要な具体的行動が「ステイホーム」だ。

仏法は、〝生命自体が最高の宝《たから》〟と説《と》く。その仏法を現代によみがえらせたのが、「仏とは生命なり」との戸田先生の獄中《ごくちゅう》での覚知《かくち》である。小説『人間革命』第4巻「生命の庭」の章には、「戸田城聖の、この覚知の一瞬《いっしゅん》は、将来《しょうらい》、世界の哲学《てつがく》を変貌《へんぼう》せしむるに足《た》る、一瞬であった」とある。

恩師の覚知を深く踏《ふ》まえながら、池田先生は繰《く》り返《かえ》し、「21世紀は生命の世紀」と訴《うった》えてきた。それは予測ではなく、誓《ちか》いそのものである。2001年の「SGIの日」記念提言でも、「今世紀を『生命の世紀』『生命尊厳の世紀』にしていかなければならない」と。

池田先生が第3代会長就任《しゅうにん》以来刻《きざ》んできた60年の軌跡《きせき》は、仏法を基調とした「生命尊厳」の哲理《てつり》を、時代精神へと高める歩《あゆ》みでもあった。報恩を胸に、今こそ師の行動に続くことを誓《ちか》う「5・3」としたい。

新・名字の言 選集〈新時代編2〉——目次

凡例

一、本書は、「聖教新聞」のコラム「名字の言」の２０１７年1月1日～12月29日までの掲載分を精選し、さらに２０２０年2月1日～5月31日までの掲載分から「新型コロナウイルス」との闘いに関連した作品を、編集部でまとめました。

一、編集に際しては、２０２０年の作品を「第1章　希望の未来へ」とし、２０１７年の作品は内容から項目を設け、「第2章　世界」「第3章　人生」「第4章　社会」としました。

一、「『はじめに』にかえて」は、２０２０年の5月2日付、ならびに5月3日付の2作品をまとめました。

一、本文中、御書の引用は、『新編　日蓮大聖人御書全集』（創価学会版、第二六六刷）を（御書○○ページ）、法華経の引用は、『妙法蓮華経並開結』（創価学会版、第二刷）を（法華経○○ページ）と表記しました。

装幀●澤井慶子

第1章

希望の未来へ

人類の歴史は「感染症との闘い」ともいわれる。私たちは今、新型コロナウイルスという〝見えざる敵〟と向き合う現実を生きている。それは〝大切なものは何かが見えた〟日々であり、希望の未来を価値創造しゆく歩みでもある。

希望を広げよう　苦難に立ち向かうために

２０２０・２・21

「あの経験があったからこそ私たちの絆《きずな》は強くなり、創価の〝負けじ魂〟をより深く心に刻《きざ》むことができました」。香港《ホンコン》ＳＧＩの友が語っていた言葉を思い出す。〝あの経験〟とは、２００３年に香港などで猛威《もうい》を振《ふ》るったＳＡＲＳ《サーズ》（重《じゅう》症《しょう》急性呼吸器症候群《しょうこうぐん》）である。

当時、香港では2カ月間、全《まった》く会合を開けない日が続いた。そこでメンバーが考えたのが日々、各自《かくじ》で行う「1・2・3運動」。1日「1時間」の唱題、「20分」の御書や池田先生の指導の研さん、「3人」の友への励《はげ》ましである。

会合がなくなり、個人の時間が多くなったことで、普段《ふだん》会えない同志や友人とも、じっくり話す機会を増《ふ》やせた。これまで以上に心が通《かよ》い合い、苦難《くなん》に立ち向かう力《ちから》が湧《わ》いたという。

新型コロナウイルスの感染《かんせん》が国内外で拡大している。大切なのは基本的な予防対策《たいさく》に努《つと》めつつ、正しい情報に基《もと》づき、適切な行動を取ることだ。学会活動の在《あ》り方《かた》も同じである。自他共《じたとも》の健康を祈ることを根本《こんぽん》に、状況に応じて、できることは必ずある。

いつ何が起きるか分からない時代。だからこそ、支《ささ》え励まし合う〝心のつながり〟を強めていきたい。電話やメール、ＳＮＳも活用できる。何ものにも負けない「希望」を広げること――そこに我らの使命がある。

環境が変わっても 励ましは変わらない

2020・2・27

日蓮大聖人の御在世《ございせ》当時には、たびたび疫病《えきびょう》が流行した。そうした中、佐渡《さど》の門下・阿仏房《あぶつぼう》が身延《みのぶ》にいる大聖人のもとを訪《おとず》れたことがある。大聖人は阿仏房の顔を見るや、〝あの人は大丈夫か〟〝この人はどうしているか〟と真っ先に門下らの安否《あんぴ》を尋《たず》ねたという。

大事な門下の身を案《あん》じ、現実の幸福を祈る大聖人の振《ふ》る舞《ま》いを通し、池田先生は語った。「『現実』を離《はな》れて仏法はない。ただの理屈《りくつ》でもない。観念《かんねん》でもない。『人間性』を離れて仏法はない」

先生の同志への励《はげ》ましも同様であった。会長に就任《しゅうにん》した翌年の1961年は自然災害が相次ぎ、ポリオ（小児まひ）が猛威《もうい》を振るった。先生は大阪事件の公判に臨《のぞ》むため、関西を訪問した際、出廷《しゅってい》前後の間隙《かんげき》を縫《ぬ》って第2室戸《むろと》台風の被《ひ》災者《さいしゃ》と、小児まひと闘《たたか》う少女とその母親の激励《げきれい》に走っている。

新型コロナウイルスの感染《かんせん》拡大を警戒《けいかい》する日々が続く。先が見えない不安や不測《ふそく》の事態への恐怖《きょうふ》が生まれる場合もある。正しい情報をもとに、適切な判断や行動を心掛《こころが》けたい。

友、家族、そして自身のために、賢明《けんめい》にして現実的な用心を怠《おこた》らず、強盛《ごうじょう》な祈りをともどもに貫《つらぬ》いていこう。環境は変わっても、いな、変わっていくからこそ、生命力を湧《わ》きいだす不変の励ましがどこまでも大切である。

自《じ》他《た》共《とも》の幸福を　立正安国《りっしょうあんこく》の実践を

２０２０・３・６

ジカ熱がブラジルで広がったのは、同国で開催された２０１６年の五輪の前のことだった。ウイルスを媒介《ばいかい》する蚊《か》の繁殖《はんしょく》を抑制《よくせい》することが、最《もっと》も有効な対《たい》策《さく》とされた。

ブラジル政府が力《ちから》を入れたことの一つが、国民の協力を得ること。ある時には、軍に所属する22万人が全国３５６都市で啓発《けいはつ》活動を展開。家庭や商店などを一軒一軒回り、啓発用のパンフレットを配布しながら、植木《うえき》鉢《ばち》に不用な水をためないなど、蚊の繁殖を防《ふせ》ぐことを訴《うった》えた。

人類の歴史は「感染症《かんせんしょう》との闘《たたか》い」ともいわれる。そのためには国を挙《あ》げた対策が肝要《かんよう》である。さらに、感染症に国境は関係ないという認識《にんしき》に立って、今こそ国際社会が協調して事態を打開する時であろう。「ＳＤＧｓ《エスディージーズ》（持続可能な開発目標）」にも、感染症への対処《たいしょ》が掲《かか》げられている。

東北大学大学院の押谷仁《おしたにひとし》教授は本紙のインタビュー（２０１６年５月８日付）で、「他国を守ることが自国を守ることにつながり、逆にそれができなければ自国も危険にさらされる。もはや自国だけを守ればいいという感染症対策はあり得ません」と指摘している。

社会の安寧《あんねい》と個人の幸福は不可分《ふかぶん》と捉《とら》えるのが、日蓮仏法の立正安国《りっしょうあんこく》の思想である。自他共《じたとも》の幸福を強く祈りつつ、今、自分にできることを実践しよう。

相手を思う言葉が人を幸せにする

2020・3・7

ある詩人が恩師と久々《ひさびさ》の再会を果たした。恩師は「変わりはなかったかい？」と声を掛《か》けてくれた。

詩人は振り返る。あの時、「元気だったかい？」と言われれば、「ええ、元気です」と答えるしかなかった。でも、恩師は「変わりはなかったかい？」と言ってくれた。この柔《やわ》らかい一言に、ずっと自分のことを思い、見守ってくれていた恩師の優《やさ》しさを感じたという。

だから「言葉は心の仕事です」と詩人。「人を内面から変えることができるのは、言葉だけなのです」とも。御書に「言《こと》と云《い》うは心の思いを響《ひび》かして声を顕《あらわ》すを云うなり」（563ジペー）とある。言葉は心であり、相手を思う心が届《とど》いた時、その人を幸せにするエネルギーに変わるのだろう。

仏法は「身口意《しんくい》の三業《さんごう》」を説《と》く。私たちの生命活動は、行動（身）・言葉（口）・心（意）として表れるということである。心と行動とともに、言葉が自分という人間を決める重要な要素であることに注目したい。

心ある言葉を大切にするアイヌの箴言《しんげん》を思い出した。「一人のうそつきがいるとコタン（集落）は滅《ほろ》びる」。一つでもうそがあれば、心ある言葉で成り立っている世界は崩《くず》れるからだ。心ない言葉ばかりが目立つ社会だからこそ、自分の本当の心を託《たく》した言葉を届《とど》け続けたい。

誰かのため　自分に何ができるのか

2020・3・11

落語家の林家たい平さんが述懐《じゅっかい》している。娘《むすめ》が小学校を卒業した2011年3月のこと。東日本大震災《だいしんさい》の影響《えいきょう》で、卒業式は卒業生と保護者、教職員代表だけのささやかなものになった。

席上、校長先生が児童たちに語り掛《か》けた。「人が一番嬉《うれ》しいと感じるのは、どういう時か知っていますか？」「人を助けた時と、人から助けられた時です」（『3・11を心に刻んで2019』岩波ブックレット）

皆が先の見えない不安にいる中、たい平さんはこの言葉に深く救われたという。その後、〝自分も誰《だれ》かの、何かの助けになれれば〟との思いで被災地《ひさいち》を回った。そうして結んだ縁《えん》が今、噺家《はなしか》としての支《ささ》えにもなっていると語る。

福島県のある壮年部員は工芸品制作で培《つちか》った腕《うで》を生《い》かし、被災地でキャンドルライトをともす取り組みを始めた。共感の輪が少しずつ広がり、その数は8万本を超《こ》えた。「寄《よ》り添《そ》う心を表現したかった」と語る壮年は、家族の病気や経済苦《けいざいく》との闘《たたか》いを、同志の励《はげ》ましで勝ち越《こ》えた体験を持つ。

御書に「人のために火をともせば・我《わ》がまへあきらかなるがごとし」(1598ジ)と。自他共《じたとも》の幸福にこそ、真の充実《じゅうじつ》と深い喜びがある。きょう「3・11」。〝誰かのため、今の自分に何ができるのか〟を考え、行動する日としたい。

人生は〝何にどう時間を使うか〟だ

２０２０・３・20

大科学者ニュートンが「万有引力《ばんゆういんりょく》の法則」の着想《ちゃくそう》を得《え》たのは24歳の頃。力学《りきがく》、微分積分学《びぶんせきぶん》、光学における彼の重要な発見のほとんどは、この１６６５年からの約20カ月間に集中しているという。

この時期、英国ではペストが流行していた。大学を卒業したばかりのニュートンは母校で研究を続けていたが、ペストの影響で大学が閉鎖《へいさ》され、故郷《こきょう》への避難《ひなん》を余儀《よぎ》なくされた。

不遇《ふぐう》の時にも思えるが、彼にとっては〝願ってもない好機《こうき》〟になった。大学のさまざまな校務《こうむ》から解放され、自身の研究に心ゆくまで没頭《ぼっとう》することができたからだ。彼の偉業《いぎょう》の大半が生まれたこの期間は「驚異《きょうい》の年」とも「創造的休暇《きゅうか》」とも呼《よ》ばれる（『天才の時間』ＮＴＴ出版）。

どんな環境の中でも新たな創造の機会は必ずある。時間は皆に等《ひと》しく与《あた》えられている。そして本来、使い方は自分で決めるもの。〝何にどう時間を使うか〟という判断の積み重ねが、人生を形づくるともいえる。

ローマの哲人セネカは言った。「時間だけなのだよ、これぞ自分のものと言えるのは」「これこそ、どんなに感謝してもし足りないほど値打《ねう》ちのある唯《ただ》一つのもの」（中野孝次『セネカ　現代人への手紙』岩波書店）。自身の向上のために、自他《じた》共《とも》の幸福のために時を無駄《むだ》にすまい。

小説『ペスト』から学ぶ「誠実さ」

2020・3・24

フランスの作家・カミュの代表作『ペスト』（宮崎嶺雄《みねお》訳）。「黒死病《こくしびょう》」と恐《おそ》れられた伝染《でんせん》病の脅威《きょうい》に立ち向かう市民の姿《すがた》が描《えが》かれている。最近、新型コロナウイルスの感染《かんせん》が拡大する中で、同書の売り上げが伸びている。

物語の舞台はアルジェリアの都市オラン。そこでペストがまん延《えん》していく。犠牲者《ぎせいしゃ》は増《ふ》え続け、やがて街は封鎖《ふうさ》される。民衆は不安におびえ、団結することができない。そんな彼らの様子を「みんな自分のことを考えていた」と、作者は言う。

その時、タルーという青年と医師のリウーが立ち上がり、有志で「保健隊」を結成。〝見えない敵〟ペストとの闘《たたか》いを開始した。彼らは〝自分さえ良ければ〟という利己《りこ》主義を捨《す》て、懸命《けんめい》に行動した。リウーは語る。「ペストと闘う唯一《ゆいいつ》の方法は、誠実さということです」

池田先生はかつて、この小説を紹介しつつ、「保健隊」の行動は仏法の「同《どう》苦《く》」の精神に通じると指摘し、こう語った。「真の誠実とは、人々のために、なし得る限りのことをなすことである。自《みずか》らの使命に生きることだ」

状況は日々変わるが、直接会うことが難《むずか》しい日々が続く。それでも、友のためにできることはあるはずだ。祈りを根本《こんぽん》に「誠実」の二字を貫《つらぬ》き、温かな励《はげ》ましを送り続けたい。

〝当たり前〟が〝かけがえのないもの〟

2020・3・25

先月、東京・板橋の壮年部員に1通の手紙が届《とど》いた。差出人は名古屋に住む取引先の方《かた》で、壮年の勧《すす》めで本紙を長年購読《こうどく》している。その購読期間が1月で終わったが、壮年は忙《いそが》しさにかまけ、ついそのままにしていた。

手紙の用件は〝聖教新聞をぜひまた入れてほしい〟という依頼《いらい》。勧められたから読んでいるつもりだったが、新聞に目を通さなくなって初めて、聖教に日々、励《はげ》まされていたことに気付いたという。

再び新聞が配達された今月、2通目の手紙が来た。そこには感謝の言葉と共《とも》に「朝、郵便受けに聖教新聞が入っていると、ほっとした気分になります」と。普段《ふだん》は特に気に留《と》めなくても、無くなるとその価値が分かることがある。最近では、演奏会や演劇の公演もその一つ。音楽評論家《ひょうろんか》の林田直樹氏は本紙の連載で、生《なま》の舞台《ぶたい》の美しさ、豊かさをかみ締《し》めつつ、再開されたときには「ライブな舞台というものを、もっと大切にできるようになっていたい」と述べた。

世界の各地で、人々の〝当たり前〟が様変《さまが》わりしている。だが、それは〝かけがえのないもの〟を深く知る機会にもなろう。今、ここで生きていること。支《ささ》えてくれる家族、友人、同志がいること。その一つ一つに感謝しつつ、励まし合って日々を歩《あゆ》みたい。

心一つで 人生は変わる

2020・3・29

独立運動に身を投《とう》じたインドの初代首相ネルーは、生涯《しょうがい》に9度、投獄《とうごく》されている。最初の投獄の際、運動に参加できない焦《あせ》りやいら立ちをガンジーに訴《うった》えた。

それを知ったガンジーは手紙を送り「もっぱらなにか大きな研究や手仕事をするように」と助言した。以来、ネルーは獄中《ごくちゅう》で執筆《しっぴつ》活動などに打ち込む。彼の主著《しゅちょ》『父が子に語る世界歴史』『インドの発見』は、そうして獄中で書かれたものである。

一方、ガンジーは自《みずか》らが投獄された刑務所《けいむしょ》を「マンディル（ヒンドゥー教の寺院）」と呼んだ。ガンジーには刑務所でさえ、信仰《しんこう》を深め、自身を磨《みが》く道場であった。身は獄につながれていても、心は自在だった。

ガンジーは刑務所から毎週、弟子たちに手紙を送った。その中に「誓願《せいがん》の重要性」を訴えた一通がある。「せっかくの決意も不便《ふべん》さの前に屈《くつ》するというなら、なんの価値もありません」「わたしたちは、自己《じこ》浄化《じょうか》や自己実現のために、誓願の必要をゆめゆめ疑《うたが》ってはなりません」（森本達雄訳『獄中からの手紙』岩波文庫）

新型コロナウイルスの感染《かんせん》拡大で、日々の生活にさまざまな制約があるが、気持ちまで窮屈《きゅうくつ》になる必要はない。どこにいようと、人生は心一つで変わる。広布への誓《ちか》いを胸に、わが境涯《きょうがい》を大きく開こう。

新しい歴史が紡《つむ》がれる時

2020・4・1

本紙では「支部フォト通信　前進・人材の輝《かがや》き」と題し、支部の写真を掲載《けいさい》している。募集《ぼしゅう》を開始したのは昨年11月。以来、全国、海外からも投稿《とうこう》くださり、感謝にたえない。

「今時《いまどき》こんなに人が」と思われる方《かた》がいるかもしれないが、安心していただきたい。新型コロナウイルスの感染《かんせん》拡大防止のため、創価学会では2月中旬《ちゅうじゅん》から一切の会合等を中止しており、全《すべ》ての写真は、それ以前に撮影《さつえい》されたもの。

昨年撮影されたものも多く、「会えない今だからこそ掲載を」「支部でコロナ撲滅《ぼくめつ》の同盟唱題《どうめい》をしています」等々、熱いメッセージと共《とも》に今も連日、写真が届《とど》く。いつも直接会って語り、苦しみも喜びも分かち合ってきた日々。それが当たり前でなくなった時、同志と歩む一瞬《いっしゅん》一瞬がどれほど大切かを、一枚の写真が教えてくれる。

「この一瞬を永遠に」との思いで、池田先生もまた全国、全世界の同志と記念撮影を重ねてきた。詩情薫《かお》る大分・竹田の岡城址《じょうし》で、雪の秋田の街頭で、あの地あの国で黄金《おうごん》の共戦譜《きょうせんふ》が写真と共につづられた。

今また困難《こんなん》の中、支部から送られる写真によって、新しい歴史が紡《つむ》がれていくに違《ちが》いない。その一枚一枚には、世界の平和・安穏《あんのん》と、地域の幸福と繁栄《はんえい》を祈り抜くとの皆の誓《ちか》いが輝《かがや》いている。

楽しい〝未来〟を想像してみよう

2020・4・2

未来に待ち構《かま》えているのは大変なことばかり。人が増《ふ》え過ぎて食べ物が無《な》くなったり、怖《こわ》い病気がはやったり、戦争が起きたり……。大人のそんな話を、お兄ちゃんから聞いた妹は、心配でたまらなくなってしまった。

おばあちゃんに相談すると「だーいじょうぶよ！」と明るい声。未来がどうなるかは誰《だれ》にも分からないし、大人の言うことは大抵《たいてい》当たらないもの。「みらいは　たーくさん　あるんだから！」との言葉に安心した女の子は、楽しい〝未来〟を想像し始めた。

毎日ウインナーが食べられたり、ロボットがどこへでも連れて行ってくれたり……（ヨシタケシンスケ『それしか　ないわけ　ないでしょう』白泉社）。年長者の達観《たっかん》と子どもの自由な発想は、世代を超《こ》えて私たちに大切なものを教えてくれている。

世界の状況《じょうきょう》は依然《いぜん》として予断《よだん》を許《ゆる》さないが、こうした時こそ、想像の翼《つばさ》を大きく広げ、プラス思考で日々を心豊かに過ごす努力を惜《お》しむまい。人類の歴史は試練との戦いの連続であり、それらを敢然《かんぜん》と乗《の》り越《こ》えてきた歩《あゆ》みそのものである。明けない夜など断じてない。

仏典に「心は工《たくみ》なる画師《えし》の如《ごと》し」と。どんな境遇《きょうぐう》にあっても、心は名画家のように、一切《いっさい》を自在《じざい》に描《えが》き出していける。希望の未来は、自分自身の一念から始まる。

「やっぱり笑顔は元気の源《みなもと》ですね」

2020・4・3

「初めてスマホのビデオ通話《つうわ》を使ったの」と、ご年配の婦人部員。支部の婦人と試《ため》してみたという。

自宅にいるそれぞれの顔を画面越《ご》しに見た瞬間《しゅんかん》、「あれ？　スッピンもいけるじゃない！」と互《たが》いに大笑い。そこから、会えなかった時間を埋《う》めるかのようにおしゃべりが弾《はず》んだそうだ。互いの近況《きんきょう》。仏法対話に歩いた思い出。今の事態が収束《しゅうそく》したら会いに行きたい友のこと。何を話しても楽しくて仕方ない。

「やっぱり笑顔は元気の源《みなもと》ですね」と、その婦人部員は語っていた。

ことわざにも「笑いは百薬《ひゃくやく》の長《ちょう》」と。もちろん薬の有用性を軽《かろ》んじるものではないが、笑いが免疫力《めんえきりょく》を高める効果については、多くの研究がある。

「笑う」は「咲《わら》う」とも書く。日蓮大聖人が四条金吾《しじょうきんご》に宛《あ》てたお手紙にも「咲《わら》うて」（御書1139ジペー）との記述がある。思えば大聖人は刑場に臨《のぞ》んでも、嘆《なげ》き悲しむ金吾を「これほどの悦《よろこ》びを笑いなさい」と逆に励《はげ》まされた（同914ジペー、通解）。どんな状況《じょうきょう》にあっても笑顔を生み出していける強さこそ、信仰者の目指すところに違《ちが》いない。

百花《ひゃっか》も咲《わら》う春が来た。新型コロナウイルスのニュースに、眉間《みけん》にしわを寄せてばかりだが、自他共《じたとも》の健康と幸福勝利の花が開《ひら》くよう、笑顔を咲《さ》かせ、笑顔を届《とど》けることを忘《わす》れまい。

幸福に転じゆく力《ちから》が 私の中にある

2020・4・5

アメリカに住む婦人部員から、自宅の庭に咲《さ》いた梅の写真が届《とど》いた。電話をかけると、婦人の元気な声が。「冬には枝しかないのに、春には花をつける。何度見ても不思議です。木の中に生命力が満《み》ちているんですね」

新型コロナウイルスの影響《えいきょう》で国家非常事態宣言《せんげん》が出されたアメリカ。そんな中、82歳の婦人は「自宅で過ごしていますが、毎日、とにかく忙《いそが》しくて」と。アメリカ各地をはじめ東京、北海道など、電話で励《はげ》ます相手は日に10人を超《こ》えることも。「まず時差を確認《かくにん》！　迷惑《めいわく》にならないようにね。もちろん自分も十分に睡眠《すいみん》を取って。仏法は道理ですから」

約50年前、米軍勤務《きんむ》の夫と結婚《けっこん》し渡米《とべい》。言語の壁《かべ》や人種差別など、あらゆる困難《こんなん》を乗《の》り越《こ》えてきた。粘《ねば》り強《づよ》く仏法を語り、実らせた弘教《ぐきょう》は390世帯余《あま》り。今年も2人の青年が、婦人の生き方に共鳴し、入会を決意した。どんな状況《じょうきょう》でも、自分らしく挑戦を重《かさ》ねるのが信仰者だと、改めて教えられる。

池田先生は語った。「『苦悩《くのう》』の因《いん》が『自分の中に』あるのと同じく、それをそのまま『幸福』へと転換《てんかん》しゆく力《ちから》も『自分の中に』ある。これが仏界の力である」

人間の生命には、困難《こんなん》に打ち勝つ偉大《いだい》な力がある。今できることを実践《じっせん》しつつ、忍耐《にんたい》と勝利をたたえ合う時を待ちたい。

正しい情報で「落ち着いて行動しよう」

２０２０・４・７

イギリスの古書店で20年前、一枚の古いポスターが見つかった。赤地に白い文字が並《なら》んだシンプルなデザインは、大きな評判に。以来、病院のナースステーションなどにも、このポスターが張《は》られるようになった。

その白い文字の言葉は「KEEP CALM AND CARRY ON（落ち着いて行動しましょう）」。第2次世界大戦中、社会不安が広がる中で、国民に冷静な行動を促《うなが》すために作製されたポスターだった。２００７年に起こった金融《きんゆう》危機《きき》の時にも、この言葉が希望のメッセージになった。

新型コロナウイルス感染症《かんせんしょう》を巡《めぐ》る社会状況《じょうきょう》は、刻々《こっこく》と変化している。テレビやネットから次々と流れる情報は、楽観論《らっかんろん》や悲観論が交錯《こうさく》し、気持ちも揺《ゆ》さぶられがち。正確な情報に基《もと》づいて、「落ち着いて行動する」ことが、今ほど求められる時はない。

日本赤十字社は、新型コロナウイルスには三つの〝感染〟があると指摘《してき》する。①病気そのもの②不安と恐《おそ》れ③嫌悪《けんお》・偏見《へんけん》・差別、の感染である。そして2点目の「不安と恐れ」を防《ふせ》ぐために、一人一人が「気づく力《ちから》」「聴《き》く力」「自分を支《ささ》える力」を高めることを訴《うった》える。

不安や恐れは、判断を狂《くる》わせ、生きる気力を奪《うば》う。一日も早い終息《しゅうそく》を強く祈りながら、自分を支え、家族を支え、社会を支えたい。

直接会えなくても　心はつながっている

２０２０・４・15

各地から、先日の〝スーパームーン〟を撮影《さつえい》した写真が届《とど》いた。不安な日々を送りつつも、美しく輝《かがや》く満月を見上げ、しばし心を癒《い》やされた人も多いだろう。

「座談会ができないと、さびしくてね」――諸会合の自粛《じしゅく》が続く中、奈良のある支部長は、同志の近況《きんきょう》や活躍《かつやく》ぶりなどを手紙にしたため、〝紙上座談会〟として皆に配った。「５・３」への支部長の思いに対し、喜びと決意の声が相次いだ。

手製の絵手紙に、池田先生の言葉を添《そ》えて、友人たちに送る婦人もいる。「こんなに人の真心を感じたのは初めて。何度も読み返しています」という感謝の電話も。婦人はきょうも、〝希望が届《とど》きますように〟と、一枚一枚に祈りを込《こ》めてつづる。

日蓮大聖人は、佐渡《さど》に暮《く》らす千日尼《せんにちあま》に、「天《てん》の月も、大地の池には瞬時《しゅんじ》に影《かげ》が浮《う》かぶ」（御書1316ジペー、趣意《しゅい》）と、身延《みのぶ》から書き送った。〝遠く離《はな》れていても、あなたの心は私のもとに届いていますよ〟と。直接会うことができなくても、心と心は、つながることができる。

団結には、一所に集まって励《はげ》まし合う形もあれば、一人一人の奮闘《ふんとう》を思い浮かべつつ、自《みずか》らの場所で挑戦を開始する形もあろう。何ものにも負けない「異《い》体同心《たいどうしん》」の団結で、互《たが》いに声を掛《か》け合い、難局《なんきょく》を乗《の》り越《こ》えよう。

今だからできる挑戦をしよう

2020・4・18

人と会うことを控《ひか》えるのが大切となった昨今、ネットを活用した取り組みが増《ふ》えている。スポーツ選手や著名人《ちょめいじん》がメッセージを込《こ》めた動画を公開したり、パソコンやスマホをつなぎ、自宅にいながら友人と画面越《ご》しで集まったりと、さまざま。

創価学会でも、参加型プロジェクト「うたつく」（歌をつくろう）や、青年部と医学者によるオンライン会議、男子部のライブ御書講義など、幅広《はばひろ》く展開《てんかい》。SNSを使った各地の連携《れんけい》も活発だ。

今月の「御書講義」も、動画の視聴《しちょう》をもって参加に代《か》える形になった。視聴した友からは、研さんの喜びに加え、「動画に合わせて、いつもより大きな声で御文《ごもん》を拝読《はいどく》しました！」等と、元気な報告が届《とど》いている。

機器の扱《あつか》いが苦手な友からは「動画の視聴は諦《あきら》めて（笑い）、聖教新聞に掲載《けいさい》された教材（4月4日付4面など）で学びました」との声もあり、動画を見た友を含《ふく》めて、「あらためて広宣流布への誓《ちか》いを強くした」との決意の声が多かった。

池田先生は、「人生において、何がすばらしいか。最高の哲学《てつがく》を知ること以上のすばらしさはない。強さはない」と。いかなる時も「信行学」という信仰の柱は変わらない。その時々に合った工夫《くふう》の仕方《しかた》があるだけだ。今できる挑戦を、きょうも着実《ちゃくじつ》に進めていこう。

支え合い　この困難を乗り越えよう

2020・4・21

熊本地震《じしん》から4年が過ぎた。地震が起こった時、神戸市の関西国際文化センターでは、企画展「心の財《たから》は絶対に壊《こわ》されない！」が行われていた。東北の被《ひ》災地《さいち》へメッセージを届《とど》けるコーナーには、熊本の被災者へのエールも記《しる》されるようになった。

福島の友の言葉が、今も心に残っている。「3・11のあの暗い夜は忘《わす》れることはできないけれど、焦《あせ》らず、一つ一つ階段《かいだん》をのぼるように進んでいけば、冬は必ず春となる。私が実感したことです。負げでたまっか!!」

兵庫でも東北でも熊本でも、震災《しんさい》で住む場所を、愛する家族を、奪《うば》われた人がいる。それまでの日常を一瞬《いっしゅん》で失《うしな》い、明日さえ見えない中、それでも過酷《かこく》な現実に立ち向かい、一歩また一歩と復興《ふっこう》への歩《あゆ》みを続けてきた。

取材を通して、被災した方《かた》から学んだのは、支《ささ》え合う誰《だれ》かがいれば、人はどこまでも強くなれる、変えられない現実などない、ということ。社会の「レジリエンス（困難《こんなん》を乗《の》り越《こ》える力《ちから》）」を強くするのも、人々の自発的《じはってき》な連帯である。

感染症《かんせんしょう》が拡大する今、人と人の物理的距離《きょり》を保《たも》たねばならない。だが、心の距離が離《はな》れ、「支え合う力」まで失ってはならない。不屈《ふくつ》の信念を胸に、無力感や不安という「分断《ぶんだん》の力」に抗《こう》する「励《はげ》ましの力」を広げたい。

負けなかった日々の偉大さが分かる

2020・4・24

事故で神経まひを負《お》った男性が、言語感覚を取《と》り戻《もど》すリハビリを受けた。2枚のカードに書かれた言葉を組み合わせ、意味の通る文章にするもの。男性は「豊かにする」というカードを手にした。対応する正解は「くらしを」。だが男性は別の言葉を選んだ。「苦労を」だった。

詩人・吉野弘《ひろし》さんが、自身の詩集につづった話だ。「苦労を豊かにする」――楽《らく》な道だけでは生き方が貧弱《ひんじゃく》になる。人生を充実《じゅうじつ》させる〝苦労〟の捉《とら》え方を教わる至言《しげん》といえよう。

今春、小学校の卒業式を終えた、ある未来部員が1本の赤いひもを手に帰宅《きたく》した。担任教諭《きょうゆ》から卒業生一人一人に手渡《てわた》されたという。〝ひもの長さはこの6年間で伸《の》びた身長の分《ぶん》〟と聞いた両親は、胸が熱くなった。

在学中、病《やまい》で長期入院した時は、勉強に遅《おく》れまいと母子で教科書をめくった。退院後は体力づくりに毎朝、父と走った。身も心もたくましく成長した、わが子の姿《すがた》に「全《すべ》てに意味があったね」とたたえ合った。現在は本格的な中学校生活を待ちつつ、家族で勤行・唱題にも挑戦する。

試練の中にいる時は、目に見えての前進を感じられないかもしれない。苦難《くなん》に耐《た》え抜《ぬ》き、振《ふ》り返《かえ》った時、負けなかった日々の偉大《いだい》さが分かるもの。苦労を豊かにする鍵《かぎ》は前向きな「忍耐《にんたい》」である。

日常を支える全《すべ》ての方々を応援したい

2020・5・1

自炊《じすい》生活が続き、献立《こんだて》を考えるのも一苦労《ひとくろう》。そんな人にとっても、うれしい話だろう。テイクアウトやデリバリーを始める飲食店が増《ふ》えている。

そうしたサービスを行う店舗《てんぽ》の「まとめサイト」を、都内の壮年部員らがインターネットに立ち上げた。外出自粛《じしゅく》要請《ようせい》に伴《ともな》い、厳《きび》しい状況《じょうきょう》に置かれた地元店をもり立てたいとの一心である。「経営者や従業員《じゅうぎょういん》への支援《しえん》にとどまりません。食材を提供《ていきょう》する農家さんや備品・消耗品《しょうもうひん》を納《おさ》める業者さんなど、お店に関わる全《すべ》ての方々《かたがた》を応援《おうえん》することになります」と壮年は語っていた。

つながりに支《ささ》えられているのは飲食店に限るまい。私たちの生活も、スーパーの従業員、運送・宅配業《たくはいぎょう》に従事《じゅうじ》する方々《かたがた》などの存在が〝命綱《いのちづな》〟になっている。それを忘《わす》れたくはない。

牧口先生は『人生地理学』で〝日常身辺《しんぺん》を見回してみると、世界中の人々から無量の影響《えいきょう》を受けているのに驚《おどろ》く〟と記《しる》している。衣服は豪州産の羊毛《ようもう》で、英国で作られたもの。靴《くつ》の底《そこ》の革《かわ》は米国産、それ以外はインド産……。自国本位の帝国《ていこく》主義の時代にあって先生は遠い他国の人々にまで想像力を働かせ、助け合う重要性を訴《うった》えた。

個人の幸福を願うなら、まず「四表《しひょう》の静謐《せいひつ》」（御書31ジペー）、すなわち社会の安穏《あんのん》を祈る。仏法者の使命を胸に刻《きざ》みたい。

女性の優《やさ》しさが世の中を平和にする

2020・5・9

本年は、4こま漫画《まんが》「サザエさん」の作者・長谷川町子さんの生誕《せいたん》100周年。彼女の作品の一つに、こんな話がある。

3人の男性がバケツを持って、火事の現場へ。次のこまは、火を消して帰る男性たちの姿《すがた》。3こま目、おけを手に走っていくサザエさんが登場し、男性たちは〝今ごろ駆《か》けだして〟と笑う。最後のこま。サザエさんがおけからおにぎりを出し、焼け出された一家に振《ふ》る舞《ま》う。女性ならではの機転《きてん》と、その優《やさ》しさに心が温かくなる。

「サザエさん」の新聞連載《れんさい》が始まったのは終戦の翌年。どんな時も朗《ほが》らかさを失わないサザエさんの姿が、戦後の日本を明るく照《て》らした。作者の長谷川さんは「常《つね》に温かく誠実《せいじつ》な一人の女性があるとしたら、社会的にどんなに見映《みば》えのしない存在《そんざい》であろうとも、その人こそ、世の中を善《よ》くする大きな原動力」と語る(『長谷川町子　思い出記念館』朝日新聞社)。

日蓮大聖人は「大悲《だいひ》とは母の子を思う慈悲《じひ》の如《ごと》し」(御書721ジペー)と、仏法の根本《こんぽん》の慈悲を〝母の心〟に譬《たと》えられた。生命を育《はぐく》み、慈《いつく》しむ母の心を社会に広げるのが、我《われ》らの運動の目的の一つである。

池田先生は「母たちが幸福に輝《かがや》いていってこそ、平和と希望の園《その》が広がる」と。あす「母の日」。全《すべ》ての母に感謝の言葉を伝えたい。

〝一人も不幸にしない〟と誓う

2020・5・10

あるベテラン支部長が20代で入会した頃《ころ》のことを語ってくれた。周囲の無理解に苦《くる》しんだが、創価班時代、池田先生から贈《おく》られた句《く》が支《ささ》えとなったという。「寒風《かんぷう》に／一人立ちたり／創価班」。それを胸に今も戦っている、と。

かつて配達員の方《かた》からお便《たよ》りを頂《いただ》いた。彼女は当初、配達は〝孤独《こどく》な戦い〟と思っていた。しかし、ある朝、先生が配達員に贈った和歌を読む。「仲間たち／皆が休《やす》める／その時に／明《あ》け方《がた》　走りし／苦難《くなん》の勇者《ゆうじゃ》よ」。彼女は思った。〝先生がいる。孤独じゃない〟と。

友に会うために全国・世界を駆《か》け巡《めぐ》ってきた池田先生。さらに、会えない人にこそ励《はげ》ましをと、命を削《けず》るように執筆《しっぴつ》活動を。詩や和歌や句に託《たく》して、時に撮影《さつえい》した写真、自《みずか》らの声やピアノ演奏《えんそう》を録音して思いを届《とど》けた。〝一人も不幸にしない〟との祈りを行動へと変えていった。

新型コロナウイルスの脅威《きょうい》が続く今、国際協力に詳《くわ》しい毛受敏浩《めんじゅとしひろ》氏は、危機《きき》の中でも他者の苦しみを思う想像力が重要と言う（4月29日付）。多様な他者との信頼《しんらい》と協力こそ、ウイルスと闘《たたか》う力《ちから》になるからだ。

人々の心と心をつないでいく要《かなめ》となることが宗教に求められている。その根本《こんぽん》は、一人への励まし。先生の連続闘争《とうそう》の60年に学び、希望の言葉を届ける挑戦を誓《ちか》う。

「不屈の人」には いつも希望の言葉が

２０２０・５・18

「私は我《わ》が運命の支配者　我が魂《たましい》の指揮官《しきかん》なのだ」。これは19世紀イギリスの詩人ヘンリーの詩の一節。題名の「インビクタス」は、ラテン語で「不屈《ふくつ》」を意味する。

ヘンリーは十代で結核《けっかく》に感染《かんせん》して、カリエスになり、片足《かたあし》を切断した。そんな自分を励《はげ》ますために作った詩だ。さらに彼の姿《すがた》がモチーフとなって誕生《たんじょう》したのが、小説『宝島《たからじま》』に登場する片足の海賊《かいぞく》シルバー。ヘンリーの友人であるスティーブンソンが創作《そうさく》したものという。

後年、南アフリカのマンデラ氏が人種差別と闘《たたか》い、27年半もの間、牢獄《ろうごく》にいた時、心の支《ささ》えとしたのも、この「インビクタス」の詩だった。感染症《かんせんしょう》との闘いから生まれた魂の継承劇《けいしょうげき》として、ウイルス学者の加藤茂孝《しげたか》氏が自著《じちょ》『人類と感染症の歴史』でつづっている。

コロナ禍《か》と闘う気高《けだか》き友から連日、本紙に「声」が届《とど》く。ある配達員の方《かた》は「活動自粛《じしゅく》の中でも、聖教新聞を配達できることに感謝しています」。医療《いりょう》に従《じゅう》事《じ》する方からは「全《すべ》ての患者《かんじゃ》の皆さんの生命力《せいめいりょく》を引き出せますようにと毎日、真剣《しんけん》に題目に挑戦しています」と。

「5歳の長男が『コロナの薬ができますように』と祈ってくれています」とのお母さんの声も。きょうは「こ(5)と(10)ば(8)の日」。「不屈の人」の胸には、いつも希望の言葉が生まれてくる。

難病と闘う妻は〝励ましの女神〟

2020・5・23

外出自粛《じしゅく》の生活で、植物《しょくぶつ》をじっくり観賞《かんしょう》する時間がもてた。一つの花を見続け、改《あらた》めて感じたことがある。枝につぼみができ、花が開《ひら》き、それが散《ち》ると緑の葉が輝《かがや》く。花というのは咲《さ》いている時だけが美しいわけではない、と。

ある壮年から体験を伺《うかが》った。長年連《つ》れ添《そ》った妻が4年前、進行性の難病《なんびょう》を患《わずら》った。全身の筋力《きんりょく》が弱まり、動くことも、話すこともできなくなった。ベッドの上で身動き一つできない姿《すがた》を見ると、ふびんに思えてならなかった。だが懸命《けんめい》に祈り、介護《かいご》に寄《よ》り添う中で、その考え方は違《ちが》うことに気付く。

妻は、耳元で題目を唱《とな》えると、まばたきで喜びを表現した。子どもたちのこと、池田先生のことを話すと、こぼれる涙《なみだ》で感動を伝えてくれた。言葉は交《か》わせなくても、心は通《かよ》っていた。「妻はふびんな存在《そんざい》なんかじゃない。私を元気づけてくれる〝励《はげ》ましの女神《めがみ》〟なんです」

病気や障《しょう》がい、人生の困難《こんなん》のただ中にある人は、守られ、支《ささ》えられるだけの存在などではない。生き抜《ぬ》く姿そのもので、人を励まし、勇気づける尊《とうと》い存在だ。

「一日の命《いのち》は宇宙《うちゅう》の全《すべ》ての財宝《ざいほう》よりも優《すぐ》れている」（御書986ジペー、通解）。それを頭ではなく、心の底《そこ》から実感させてくれる友が、広布の庭にはたくさんいる。かけがえのない宝《たから》の皆さまである。

配達員の皆さまの労苦に感謝

２０２０・５・31

本紙配達員を務《つと》める千葉の壮年から、ご自身の日記を見せていただいた。題名は「配達日記」。彼は、海辺《うみべ》あり山間部《さんかんぶ》ありの自然豊《ゆた》かな地域を担当《たんとう》する。日記には、輝《かがや》く星や昇《のぼ》りゆく太陽、道端《みちばた》に咲《さ》く花、空を飛ぶ鳥、虫の声など、配達中に出あった四季折々《おりおり》の光景《こうけい》が、生き生きとつづられている。

天気に関する記述も多い。特に毎年6月の前後には、「雨」や「霧《きり》」などが頻繁《ひんぱん》に登場する。雨上がりの新聞受けにいたアマガエルをユーモアたっぷりに紹介する一方、自身の足を滑《すべ》らせないよう戒《いまし》める言葉も幾度《いくど》となく記《しる》される。

今月上旬《じょうじゅん》に梅雨《つゆ》入りした沖縄に続き、本州でも徐々《じょじょ》に梅雨入りを迎《むか》える。俳《はい》聖《せい》・松尾芭蕉《ばしょう》が「降《ふ》る音や耳も酸《す》うなる梅《うめ》の雨」と詠《よ》んだ空模様《そらもよう》が続くことを思うと、常《つね》にも増《ま》して「無冠《むかん》の友」の健康と無事故を祈らずにいられない。

重《かさ》ねて、今回のコロナ禍《か》の中でも、配達員の皆さまは日々、太陽の運行《うんこう》のごとく、読者に本紙を届《とど》け続けてくださっている。その尊《とうと》き労苦《ろうく》に、あらためて感謝申し上げたい。

鮮《あざ》やかな虹《にじ》が出るのは、雨の後。梅雨の中を、そしてウイルスとの闘《たたか》いの中を走る無冠の友の皆さまが、やがて虹のようにきらめく福徳《ふくとく》に包《つつ》まれゆくことを、強く確信する。「虹立ちて忽《たちま》ち君の在《あ》る如《ごと》し」（高浜虚子《たかはまきょし》）

第2章　世界

2017年は、国連で「核兵器禁止条約」が採択され、世界平和へ大きな一歩を刻んだ年になった。この年、創価学会は「会憲」を制定・施行。世界宗教への道が大きく開かれた。

2017年の主な歩み

日蓮大聖人御書全集 発刊65周年（4.28）
トインビー博士との対談開始45周年（5.5）
学生部結成60周年（6.30）
◆国連本部で「核兵器禁止条約」が採択（7.7）
池田先生入信70周年（8.24）
「御義口伝」講義開始55周年（8.31）
「創価学会会憲」を制定（9.1）
「原水爆禁止宣言」発表60周年（9.8）
「創価学会会憲」を11.18創立記念日から施行

仰《あお》ぎ見る師と共に前進

2017・1・1

時計を見て、考えた。〝午後11時59分59秒の1秒後は……〟。その瞬間《しゅんかん》は、一日の総決算《そうけっさん》であり、新たな一日の始まりでもある。瞬間瞬間に、過去の結果が表《あらわ》れ、未来の因《いん》が築《きず》かれるという冷厳《れいげん》なる事実が凝縮《ぎょうしゅく》されている。

ゲーテの至言《しげん》に「いつかは終局《しゅうきょく》に達《たっ》するというような歩き方では駄目《だめ》だ。その一歩々々が終局であり、一歩が一歩としての価値を持たなくてはならない」（亀尾英四郎訳。現代表記に改めた）とある。実際、右足で大地を踏《ふ》みしめた時、左足のかかとは浮《う》いている。一歩を刻《きざ》んだと同時に、次に進む一歩が始まっている。

かつて草創《そうそう》の友が「広布の総仕上《そうしあ》げ」の真意《しんい》を質問した時のこと。池田先生は即答《そくとう》した。「言論戦に先駆《せんく》することです」と。広宣流布とは切れ目《きめ》のない〝流れ〟。ゆえに一つの事業の成就《じょうじゅ》は、同時に次なる前進への出発なのだ。

小説『新・人間革命』第30巻の連載が始まった。第1章は「大山《たいざん》」。書き順で「一人」の「山」と書いて「大山」――我らにとって、仰《あお》ぎ見るその一人とは、師匠・池田先生にほかならない。

師が〝生涯《しょうがい》の仕事〟と定《さだ》めた執筆《しっぴつ》の総仕上げを開始した今日《きょう》という一日。それは同時に、師弟不二《ふに》を誓《ちか》う創価の友が、新たな広布の快進撃《かいしんげき》に打って出る開幕《かいまく》の時を告《つ》げている。

「聖教新聞 創刊原点の日」に誓う

2017・8・21

万博《ばんぱく》に日本が初出展したのは、150年前の1867年（慶応《けいおう》3年）。開催《かいさい》地パリに渡った代表団の中に、実業家の渋沢栄一がいる。

彼は他国の文明の中でも、特に新聞の存在に驚《おどろ》いた。「三世ナポレオンが試《こころ》みた演説の如《ごと》きも翌朝の新聞に報道され（中略）直に内容を知る事が出来《でき》ました」

「新聞紙と云《い》ふものは小にしては世間万般《ばんぱん》の出来事より、大にしては国家緊要《きんよう》の重要問題に至《いた》る迄《まで》、一々之《いちいちこ》れを報道して世間一般に広く知らしめると云ふ誠《まこと》に面白《おもしろ》いもの」と（山本七平著『渋沢栄一　近代の創造』祥伝社）。

新聞が社会に果《は》たしてきた役割は計《はか》り知れない。戸田先生もまた、この点に着目し、「一つの新聞をもっているということは、実に、すごい力《ちから》をもつことだ」と語った。

取材で話を伺《うかが》う際、同志が「この記事にどれほど励《はげ》まされたか」と、色あせた本紙の切り抜きを〝宝物《たからもの》〟のように見せてくれることがある。渋沢は新聞の速報性に驚嘆《きょうたん》したが、本紙は一方で、これほど心の奥深くに届《とど》き、長く大切にされる新聞でもあるのだと痛感する。

戸田先生が先《さき》の言葉を池田先生に語ったのは1950年8月24日。この日が「聖教新聞創刊《そうかん》原点の日」となった。読者、配達員をはじめ、本紙を支《ささ》えてくださる全《すべ》ての方《かた》に感謝し、精進《しょうじん》を誓《ちか》う。

「原水爆禁止宣言」60周年

2017・9・8

60年前（1957年）の7月12日、池田先生の不当《ふとう》逮捕に抗議《こうぎ》した「東京大会」。この日、戸田先生は、ある雑誌の取材を受け、対談を行《おこな》った。

その中で、核兵器について言及《げんきゅう》している。「原子爆弾《ばくだん》だけは許《ゆる》せんぞ、おれは決めているのだよ」「そういうことは断じて許さん」。権力の魔性《ましょう》が牙《きば》をむいた「大阪事件」の渦中《かちゅう》にも、戸田先生は核兵器廃絶《はいぜつ》の思索を巡《めぐ》らせていた。

それから2カ月ほど後のきょう9月8日、戸田先生は神奈川の地で、青年への「遺訓《いくん》の第一」として「原水爆禁止宣言」を発表した。国際政治学者の武者小路公秀氏は、「核兵器使用それ自体をサタンと断じる戸田先生の主張はますます重要なものとなろう」と指摘する。

「原水爆禁止宣言」発表の翌年、池田先生は本紙に寄稿《きこう》。法華経譬喩品《ひゆほん》の「三界《さんがい》は安《やす》きこと無し　猶火宅《なおかたく》の如《ごと》し　衆苦《しゅうく》は充満して　甚《はなは》だ怖畏《ふい》す可《べ》し」（法華経191㌻）を通し、恩師の遺訓の実現を呼び掛《か》けた。その先頭に立ち、核兵器廃絶への民衆の連帯《れんたい》を世界に広げてきたのもまた、池田先生である。

今月20日、国連本部で「核兵器禁止条約」の署名式《しょめいしき》が行われる。核兵器は権力の魔性の産物であり、「絶対悪」である。核兵器を巡《めぐ》る国際社会の緊張《きんちょう》が高まる今だからこそ、この恩師の思想を時代精神に高めたい。

「偉大なる師の歴史を世界に示さん」

2017・11・18

恩師・戸田先生が池田青年に万般《ばんぱん》の学問を教授した「戸田大学」。当初、日曜日に行われていた講義は、1952年（昭和27年）から、戸田先生の会社の事務所でも始業前に開かれ、57年（同32年）まで続いた。

戸田大学の薫陶《くんとう》は広布の激闘《げきとう》の中で行われた。57年10月18日、池田先生は「大阪事件」の初公判に出廷《しゅってい》。その翌日、翌々日と関西の同志を激励し、夜行列車で21日の午前7時半に帰京。この日はそのまま、日本史の講義を受けている。

戸田先生は「命に刻《きざ》め」と、講義の内容を書き取ることを許《ゆる》さなかった。池田青年は恩師の言々句々《げんげんくく》を海綿《かいめん》のように吸収し、自《みずか》らの魂《たましい》に刻んだ。講義を共《とも》に受ける機会のあった婦人は、〝咳《せき》をするのもはばかられるほど峻厳《しゅんげん》な雰囲気《ふんいき》でした〟と。

今、世界に広がる創価の平和・文化・教育の大道《だいどう》は戸田大学に全《すべ》ての礎《いしずえ》があったといえよう。「師弟」という関係は、常《つね》に弟子の側《がわ》が「師を求める」ことから始まる。師弟に生きる人生が、いかに力強《ちからづよ》く、豊かで、喜びに満《み》ちているか――それを池田先生は身をもって示してきた。

60年前のきょう11月18日、池田先生は日記につづった。「師恩《しおん》は、山よりも高し。海よりも深し」「偉大なる師の歴史を世界に示さん」。報恩《ほうおん》と誓願《せいがん》を胸に学会創立の日から出発したい。

崇高《すうこう》な信念に生きる

２０１７・12・28

信心から離《はな》れていた壮年が、40年ぶりに座談会に出た。「学会も大きく変わったなあ。ＶＯＤなんてなかったし。でも、温《あたた》かさは昔《むかし》のまんまだ」

松尾芭蕉《ばしょう》の俳諧《はいかい》理念に「不易《ふえき》流行」がある。「不易」は時代を超《こ》えても変わらないもの、「流行」はその時々に応《おう》じて変化していくもの。この二つは相反《あいはん》する概念《がいねん》のように思えるが、芭蕉は、根本《こんぽん》は一つであると考えた。

弟子の向井去来《きょらい》が、芭蕉の俳諧の心構えを『去来抄』にまとめている。そこに「不易を知らざれば基《もとゐ》たちがたく、流行を知らざれば風《ふう》新《あら》たならず」とある。

すなわち、普遍《ふへん》的な真理を知らなければ基礎《きそ》は築けない。しかし基本を知っていても、時代の変化を知り、革新《かくしん》していかなければ進歩はない、と。芭蕉は常《つね》に新しさを求めて不断《ふだん》に変化する中で、不変の〝永遠性〟は確立されると提唱《ていしょう》したのだ。

変わってはならないものとは、学会で言えば「師弟の精神」である。それを基軸《きじく》に、時代の変化や地域の実情に応じて、平和・文化・教育運動を展開する。一人一人異《こと》なる悩《なや》み、苦しみに寄《よ》り添《そ》い、励《はげ》ましを送る。智慧《ちえ》を湧《わ》かせ、行動に徹《てっ》する中で、師弟の精神は脈動《みゃくどう》していく。

崇高《すうこう》な信念に生きる人とは、絶《た》えず自己革新に努《つと》める人。足元から新たな挑戦を開始したい。

「誰も置き去りにしない」ビジョン

２０１７・２・３

65年前（１９５２年）の「二月闘争《とうそう》」。その最中《さなか》、青年部による第1回の教学の研究発表会が開催された。この席上で、戸田先生は初めて「地球民族主義」との言葉を用《もち》いた。

東西陣営《じんえい》が激《はげ》しく対立し、不信《ふしん》が渦巻《うずま》いていた時代。恩師は一人一人の根本《こんぽん》的《てき》な意識変革によってこそ、人間を分断《ぶんだん》するイデオロギーの壁《かべ》が破《やぶ》られ、地球上から悲惨《ひさん》の二字を無くすことができると考えたのである。

戸田先生は「地球民族主義」について、発表会の場では一言も説明を加《くわ》えなかった。思想の意義を示し、宣揚《せんよう》し続けたのは池田先生である。本年の「SGIの日」記念提言では「地球民族主義」について、「『誰《だれ》も置《お》き去《ざ》りにしない』という、国連が現在、国際社会を挙《あ》げて成《な》し遂《と》げようと呼び掛《か》けているビジョンとも響《ひび》き合う思想」と位置付けている。

「地球民族主義」を実現するための具体的方途《ほうと》は「対話」である。地球には、一人として同じ人間はいない。それぞれが、かけがえのない固有《こゆう》の文化の中に生きている。だからこそ、〝同じ地球に生きる人間〟という共通項《きょうつうこう》を手放《てばな》さず、胸襟《きょうきん》を開いて語り合うことだ。

自国優先《ゆうせん》主義が拡大する世界にあって、仏教の万人《ばんにん》尊敬の教えに根差《ねざ》した対話の哲学が、今ほど求められる時はない。

「戦争のない時代に生まれたかった」

2017・6・22

「戦争のない時代に生まれたかったということを生き残ったらのちの人々に伝えてほしい」――沖縄戦に出陣する鉄血勤皇隊《てっけつきんのうたい》の壮行会《そうこうかい》で男子学生が語った言葉だ。学生は戦地《せんち》に散《ち》り、帰ることはなかった。

その言葉を聞いた一人に、ひめゆり学徒隊《がくとたい》の生存者《せいぞんしゃ》・宮良《みやら》ルリさんがいる。沖縄戦末期、避難先《ひなんさき》の壕《ごう》で米軍のガス弾《だん》攻撃から奇跡的に助かった。戦後は、学生の言葉を胸に、ひめゆり平和祈念《きねん》資料館の証言員として、凄惨《せいさん》な沖縄戦と命の尊《とうと》さを、語り伝えてきた。

戦後70年が経過した一昨年3月、同資料館では、戦争を体験した証言員による講話《こうわ》を、高齢化などの理由で終了した。一方で、若い世代の「説明員」を養《よう》成《せい》し、〝ひめゆりの心〟を伝え続けている。

沖縄青年部はこれまで、反戦出版や展示活動を通し、平和の尊さを訴《うった》えてきた。本年は「沖縄戦の絵」の貸し出しパネルを新たに作製。現在、四つの小中学校に展示されている。展示を見たある小学生は「絵を見て、悲しくなりました。戦争はやらない方《ほう》がいいです。ずっと平和がいいです」と感想を。〝伝え続けることの大切さ〟を改めて感じた。

あすは「沖縄慰霊《いれい》の日」。逝《ゆ》いた人々の思いを継《つ》ぎ、平和を守るために、何ができるのか。自《みずか》らに問い掛《か》ける日としたい。

被爆者の〝心の傷〟

2017・8・6

午前8時15分、一発の原子爆弾《ばくだん》がさく裂《れつ》した。3000度以上の熱線《ねっせん》に肌《はだ》は焼かれ、爆風《ばくふう》で飛ばされたガラスの破片《はへん》が体に刺《さ》さる。今も続く放射線障害。被爆《ひばく》者の〝心の傷《きず》〟は癒《い》えない。

15歳で被爆した日本画の巨匠《きょしょう》・平山郁夫氏。後年も、8月6日が近づくとうなされたという。被爆から34年後、「平和記念式典」で心に浮《う》かんだ情景を描《えが》いた。171センチ×364センチを赤い炎《ほのお》で埋《う》め尽《つ》くした「広島生変図《しょうへんず》」。一枚の原爆絵は「広島は生きているんだぞと主張している」（『平和への祈り』毎日新聞社）

と。

爆心地《ばくしんち》から1・4キロで被爆した婦人部員。原爆症で頭髪《とうはつ》は抜けた。「被爆した者を嫁としては迎えられない」と結婚も破談《はだん》に。体から何度もガラス片が出る。娘3人が「がん」を発病《はつびょう》した時は泣いてわびた。

きょう6日朝、慰霊碑《いれいひ》で行われる記念式典で、その婦人が被爆者の代表として献花《けんか》する。30年前に一度だけ訪問したが、あの〝地獄〟を思い出し、以来、行けなかった。しかし本年、「娘たちや孫のため、世界平和のために」と、〝満《まん》身創痍《しんそうい》〟の体を奮《ふる》い起こす。

小説『新・人間革命』の執筆《しっぴつ》開始は8月6日。被爆者が、世界中の人々が願う一節を心に刻《きざ》む。「平和ほど、尊《とうと》きものはない。／平和ほど、幸福なものはない」

8月9日11時2分を思う

2017・8・9

ナガサキ、ヒロシマには、同じ名称の建物がある。「国立原爆死没者《しぼっしゃ》追悼《ついとう》平和祈念館」――ここでは亡くなった被爆《ひばく》者の名前・遺影《いえい》を登録し、追悼している。

本年（2017年）3月、漫画家・中沢啓治氏が追加登録された。小学1年の時、広島市内の学校付近で被爆。父やきょうだいを失《うしな》った。後年、自《みずか》らの半生《はんせい》を基《もと》に『はだしのゲン』を描《えが》いた。

炎が燃え広がる市街、ウジのわいた死体。言葉には言い表せない惨状《さんじょう》だった。

世間からは〝残酷《ざんこく》だ〟などと批判が相次いだが、あえて描いた。「私たちのような体験をする世の中にしないでくれと願っている」（『「ヒロシマ」の空白　中沢家始末記』日本図書センター）。原爆への憤怒《ふんぬ》と平和への渇望《かつぼう》を胸にペンを走らせた。

過日、中沢氏の母校で創価高校生がフィールドワーク（現地調査）を行《おこな》った。それは爆心地《ばくしんち》に最も近い小学校（410㍍《メートル》）。創価高校生は、約400人の尊《とうと》い命が奪《うば》われた現実を心に刻《きざ》んだ。

「経験した者にしか分からない」と嘆《なげ》く被爆者もいる。だからこそ、戦争を知らない世代が〝何か〟を始める意義は大きい。

上空500㍍《メートル》でさく裂した一発の原爆。7万人の死者、無数の悲劇――11時2分に思いをはせることは、平和への大事な一歩に違いない。きょう9日で「長崎原爆の日」から72年。

「沖縄と核」の衝撃

2017・9・12

10日（2017年9月）に放映されたNHKスペシャル「スクープドキュメント　沖縄と核」。かつて米国統治下《とうちか》の沖縄には1300発もの核兵器が置かれ、〝世界最大級の核拠点《きょてん》〟だったという衝撃《しょうげき》の事実が伝えられた。

番組の中で核兵器が配備《はいび》された場所として映《うつ》し出されたのが、恩納《おんな》村の創価学会沖縄研修道場にあるメースBミサイルの発射台跡《はっしゃだいあと》。元米兵が地下の司令室《しれいしつ》跡に入り、当時の緊迫《きんぱく》した状況を証言した。

メースBミサイル基地は、1960年代初頭から沖縄県内の4カ所に配置された。69年に撤去《てっきょ》が始まるが、唯一《ゆいいつ》、原形をとどめているのが道場内の発射台跡である。83年、同地を初めて訪《おとず》れた池田先生は、取り壊《こわ》しが検討されている現場を視察《しさつ》し、「基地の跡は、永遠に残そう」と提案。〝戦争の象徴《しょうちょう》〟は「世界平和の碑《ひ》」として生まれ変わった。証言した元米兵の「ここはかつて戦争のただ中にあった。今はなんて静かなんだ」との言葉が胸に迫《せま》った。

2000年に同地を訪れたノーベル平和賞受賞者のロートブラット博士は語った。「戦争の基地を平和発信の施設《しせつ》に――常《つね》に平和を志向《しこう》していないと思い浮《う》かばない発想です」

戸田先生の原水爆禁止宣言から60年。創価の師弟に流れる平和への信念を、未来へ伝える誓《ちか》いを新たにしたい。

世界の平和なくして日本の平和なし

2017・10・6

「憲政《けんせい》の父」と呼ばれた尾崎行雄は、かつて積極的な武力行使《ぶりょくこうし》を主張する国家主義者だった。その思想に変化をもたらしたのが第1次世界大戦である。戦後、欧米視察《しさつ》に赴《おもむ》いた氏は、凄惨《せいさん》な光景に衝撃《しょうげき》を受け、国家主義を批判するように。軍国主義に傾斜《けいしゃ》していく社会にあって、軍縮を訴《うった》え、普通選挙の実施を求める運動を展開した。そのため〝国賊《こくぞく》〟と罵《ののし》られたが、「世界の平和なくして日本の平和なし」との信念のままに行動を続けた。

氏は人生の目的について、一家の幸福を増《ま》すためには、一国の幸福、ひいては全世界の幸福を増さなければならないことから、「自国はもちろんのこと世界人類のため各々その分に応《おう》じて、貢献すべき」と訴えた（『咢堂《がくどう》言行録』世論時報社）。

氏の言葉は「立正安国論《りっしょうあんこくろん》」の「一身《いっしん》の安堵《あんど》を思わば先《ま》ず四表《しひょう》の静謐《せいひつ》を禱《いの》らん者か」（御書31ページ）とも強く響《ひび》き合う。日蓮大聖人は1282年（弘安5年）10月13日に御入滅《ごにゅうめつ》されるが、前月の25日に病《やまい》を押して門下《もんか》に「立正安国論」を講義されたといわれる。最期《さいご》まで弟子に語り残そうとされたのが、「立正安国の魂《たましい》」であった。

よりよい社会の建設へ、誰《だれ》が何と言おうと、正しいことは正しいと叫《さけ》ぶ。大聖人の精神に連《つら》なり、この言論闘争を貫《つら》ぬくのが、創価の誇《ほこ》りである。

平和とは無力感と執念の競争

2017・10・14

本年（2017年）のノーベル平和賞に決まったICAN《アイキャン》（核兵器廃絶《はいぜつ》国際キャンペーン）のメンバーと被爆《ひばく》者が11日、都内で記者会見を開いた。

ICAN国際運営委員の川崎哲氏は質疑《しつぎ》応答の中で「信仰を基盤《きばん》とする団体は市井《しせい》の人々に声を届《とど》ける重要な使命がある」「SGIは私たちの大切なパートナーであり、一段《いちだん》と協力を強めていく時を迎《むか》えていると思う」と述べた。

わずか10年で100カ国以上の団体が参加するネットワークとなったICAN。その原動力は〝自分が経験した苦しみを二度と誰《だれ》にも味わわせてはならない〟という被爆者の願いと、それに呼応《こおう》した青年の行動だった。国際会議などあらゆる機会を通して各国の政府関係者と対話を重《かさ》ね、SNSも駆使《くし》して連帯を拡大。本年7月、悲願《ひがん》であった「核兵器禁止条約」採択《さいたく》を実現させた。

一見、不可能と思える課題も、諦《あきら》めずに心を合わせ、新しい力《ちから》を結集すれば未来は必ず開ける――2007年の発足《ほっそく》以来のパートナーであるSGIとICANに共通する信念だ。七十余年、進まなかった核軍縮に今、大きな風穴《かざあな》があきつつある。

未来は民衆の意思にかかっている。池田先生は〝平和とは無力感《むりょくかん》と執念《しゅうねん》の競争〟と語った。揺《ゆ》るがぬ信念で、一段と草の根の平和の対話を広げよう。

核兵器の終わりの始まり

2017・12・29

今年（2017年）は核兵器を巡《めぐ》って国際社会が大きく揺《ゆ》れた1年だった。東アジアで緊張《きんちょう》が高まる一方、核兵器禁止条約が採択《さいたく》され、その実現に尽力《じんりょく》した国際NGO「ICAN《アイキャン》（核兵器廃絶《はいぜつ》国際キャンペーン）」にノーベル平和賞が贈られた。

今月10日の授賞式にはSGIの代表も列席《れっせき》したが、中継会場には広島で生まれた二人の被爆《ひばく》2世の婦人部員がいた。一人は、17歳で被爆した母の記憶を「被爆体験伝承者《でんしょうしゃ》」として語り継《つ》ぐ。もう一人は、爆心地《ばくしんち》から1・4㌔で被爆した母を連《つ》れて参列《さんれつ》した。「母が生きた72年を思い、涙《なみだ》が止まりませんでした」

式典の後、たいまつを掲《かか》げて歩くパレードに加わった。氷点下《ひょうてんか》の中での行進で偶然《ぐうぜん》、英国から参加していたSGIの友に出会った。「Yes I can!(私はできる)」。同志と共《とも》に夜空に声を響《ひび》かせた。

核兵器は、保有国《ほゆうこく》や依存国《いそん》の安全保障《ほしょう》に組み込まれ、その壁《かべ》は岩盤《がんばん》のように厚《あつ》い。だが、今も1万5千発ある核兵器が人類の生存《せいぞん》と相《あい》いれないことも、もう一つの、そしてより根本的《こんぽんてき》な「現実」なのだ。

歴史を動かしてきたのは、巨大な現実の壁にも、「それでもなお」と諦《あきら》めなかった人々である。戸田先生の原水爆禁止宣言から60周年の今年を「核兵器の終わりの始まり」にと、改めて誓《ちか》う。

相手によって態度を変えない

2017・4・16

江戸時代の蘭《らん》医学者・緒方洪庵《おがたこうあん》が著《あらわ》した『扶氏医戒之略《ふしいかいのりゃく》』に次の一節がある。「病者《びょうしゃ》に対しては唯《ただ》病者を視《み》るべし。貴賤貧富《きせんひんぷ》を顧《かえりみ》ることなかれ」

診察《しんさつ》に限らず、洪庵は普段《ふだん》から誰《だれ》にでも分《わ》け隔《へだ》てなく接《せっ》した。弟子の福沢諭吉は「客に接するにも門生《もんせい》を率《ひき》いるにも諄々《じゅんじゅん》として応対倦《おうたいう》まず、誠に類《たぐ》い稀《まれ》なる高徳《こうとく》の君子《くんし》」と師を敬慕《けいぼ》していた（中田雅博著『緒方洪庵――幕末の医と教え』思文閣出版）。相手によって態度を変えない。これが「大人《たいじん》」の要件の一つだろう。

先日、群馬の壮年が、池田先生と地元会館で出会った時のことを語ってくれた。来館の10日程前、先生は海外で国家元首《げんしゅ》と会見し、その模様が本紙に報《ほう》じられていた。その先生が婦人や子どもを心を砕《くだ》いて励《はげ》ましている。要人《ようじん》であれ庶民であれ、真剣に向き合うその姿《すがた》に、深い感銘を受けたという。

壮年は職場で取締役まで務《つと》めたが、退職した途端《とたん》、接し方を変える人もいた。その後、がんを患《わずら》う。不安を隠《かく》せない彼に、師の姿に学ぶ学会の同志は〝一緒に信心で勝とう〟と励ましを。手術の日、同志は懸命《けんめい》に題目を送ってくれた。

壮年は振り返る。「学会は真心の世界。この真実を語らずにはいられません」一人の「人間」として向き合う。そうして結ばれた絆《きずな》ほど強いものはない。

御書根本に「人間のための宗教」の道を

２０１７・４・17

今年（２０１７年）は「宗教改革から５００年」とされる。大学教授だったマルティン・ルターが１５１７年、〝買えば罪が許《ゆる》される〟とする免罪符《めんざいふ》を批判《ひはん》し、95カ条の意見書を発表。教会の腐敗《ふはい》を指摘《してき》し、宗教改革の口火《くちび》を切った。

意見書は難解《なんかい》なラテン語で書かれた。それが、庶民にも分かるドイツ語に訳《やく》され、流布《るふ》した。文字の読めない人には、読める人が語って聞かせた。聖書をドイツ語に訳したのもルター。信仰の情熱こもる言論と、万人《ばんにん》に理解される根本《こんぽん》の聖典《せいてん》の存在が、時代を動かす原動力となった。

学会には、万人救済の経典《きょうてん》である日蓮大聖人の「御書」がある。仏法《ぶっぽう》の甚深《じんじん》の法門《ほうもん》や、門下《もんか》への温かい励《はげ》ましなどがしたためられたこの書を、学会員は日々学び、実践する。10言語以上に翻訳《ほんやく》・出版され、世界中に広がっている。

今月28日で、学会による御書発刊から65周年。第2代会長の戸田先生は「発刊の辞《じ》」に記した。「この貴重《きちょう》なる大経典が全東洋へ、全世界へ、と流布して行く事をひたすら祈念《きねん》して止《や》まぬものである」。今、その言葉通りの時代が到来《とうらい》した。

国を超《こ》え、この一書に、どれほどの人々が希望を見いだしてきたか。人生を変えることができたか。学会はどこまでも御書根本に「人間のための宗教」の道を進みゆく。

真の国際人とは

2017・4・29

外国語翻訳《ほんやく》ソフトの進歩《しんぽ》が目覚《めざ》ましい。「2カ国語間の会話をその場で音声《おんせい》翻訳」「カメラを向《む》けただけで画像《がぞう》内の文字を翻訳」「103言語の文章を相互《そうご》翻訳」などが、スマートフォンで気軽《きがる》に利用できる。翻訳の精度《せいど》や読み上げる声の自然さも日々、向上している。

異《こと》なる言語の人々が瞬時《しゅんじ》に意思疎通《いしそつう》できる素晴《すば》らしさ。一昔前《ひとむかし》には想像《そうぞう》できなかった〝夢の機能〟には違《ちが》いない。とはいえ、外国語を学ぶ大切さは変わらないだろう。相手の言葉を話すという行為《こうい》は、その文化を受け入れ、尊重《そんちょう》するという姿勢の表《あらわ》れにほかならないからだ。
池田先生は、第1回の高等部総会（1968年）で「まず1カ国の外国語に習《しゅう》熟《じゅく》すること」を提案。多くの若き友がこの指針《ししん》を抱き締《だし》めて世界へ雄飛《ゆうひ》した。SGIの平和運動の一翼《いちよく》を担《にな》うメンバーも陸続《りくぞく》と誕生《たんじょう》している。
また先生は〝真の国際人は広宣流布に働く皆さんのお父さん、お母さん〟と述べ理由を続ける。「毎日、全人類の幸福を真剣に祈っている。そして、利己《りこ》主義を捨《す》てて、人の幸福のためにボランティアで行動している。毎日、忙《いそが》しいなかを、世界的な大哲学である仏法を学んでいる」（『青春対話』）
相手の側に立つ。一人のために行動する。その人こそ国際人であり、真心は必ず万人《ばんにん》に通じていく。

映画「独裁者」のラストシーン

2017・5・6

今年（2017年）はチャプリン没後《ぼつご》40年。「喜劇王《きげきおう》」は完璧《かんぺき》主義者であったことでも知られる。ヒトラーを痛烈《つうれつ》に皮肉《ひにく》った名作「独裁者《どくさいしゃ》」のラスト、演説シーンには1000ページもの草稿類《そうこうるい》が現存《げんそん》するという。

もとの脚本《きゃくほん》では、チャプリン扮《ふん》する「理髪師《りはつし》」が、ラジオを通じ各国に平和を訴《うった》える。すると、ドイツ軍は行進をやめ、スペインでは敵味方《てきみかた》が抱《だ》き合《あ》う――。演説と、各国の様子が交互《こうご》に描《えが》かれていた。しかし、チャプリンは推敲《すいこう》を重《かさ》ねる中で原案を捨《す》てた。演説のみにし〝聞く側〟を登場させなかった。

日本チャップリン協会の大野裕之会長は、この演出について、聴衆《ちょうしゅう》とは「映画を見ている私たち」と分析する。そして、「私たち」が「登場人物として現実で行動を起こす」ことで、同作は映画の枠《わく》を超《こ》え、いつの世にも人々に開かれていくと(『チャップリン　作品とその生涯』中公文庫)。

日蓮大聖人は、法華経《ほけきょう》に説《と》かれる不軽菩薩《ふきょうぼさつ》に御自身の闘争を重ね、「在世《ざいせ》は今にあり今は在世なり」(御書916ジペー)と記《しる》された。仏典《ぶってん》が描くのは「今」「ここで」起きている出来事《できごと》にほかならないと。

御書を拝《はい》するのは、私たちが「今」「ここから」自他共《じたとも》の幸福へ行動を起こすためだ。その時、日蓮仏法は生きた哲学として脈動《みゃくどう》を始める。

自分の思いを自分の言葉で

2017・5・20

ある陶芸家《とうげいか》が語っていた。「完璧《かんぺき》なものは奇麗《きれい》です。でも魅力《みりょく》とは別」と。例えば機械で作った完璧な瀬戸物《せともの》の器《うつわ》より、ろくろを回《まわ》して焼き上げた手作りの器に、人は味わいを感じる。「作品に魂《たましい》が宿《やど》ると、色や形のずれさえ魅力に変わるのです」

事業の挫折《ざせつ》から再起《さいき》した壮年部員が、「このおかげで負けなかった」と、紙の束《たば》を見せてくれた。それは地域の先輩が、留守がちだった壮年の家に通い続け書き置きした〝励《はげ》ましのメモ〟。一枚一枚拝見《はいけん》し、こちらまで胸が熱くなった。

先輩は、筆《ふで》を持つのが苦手だったのだろう。たどたどしい文には、誤字《ごじ》や脱字《だつじ》もあった。だが、壮年を思う気持ちは、痛いほど伝わってきた。

記者がまだ駆《か》け出《だ》しだった頃《ころ》、先輩に教わった。「思いだけで、良い記事が書けるとは限《かぎ》らない。でも思いがなければ、良い記事は絶対に書けない」と。文章も対話も同じだと思う。

いくら体裁《ていさい》が整《ととの》っていても、〝借《か》り物《もの》〟や〝背伸《せの》び〟の言葉は、人の心に響《ひび》かない。うまくなくてもいい。大切なのは、自分の思いを、自分の言葉で、誠実に伝えることだ。

御聖訓《ごせいくん》「言《こと》と云《い》うは心の思いを響かして声を顕《あらわ》すを云うなり」(御書563ジペー)を深く、深く拝したい。祈りと真心を込めた時、言葉の力《ちから》は何倍にも増《ま》す。

デマのスピード

2017・6・9

作家の半藤《はんどう》一利さんが「デマのスピード」と題して、こんなエピソードを紹介している。

時は1938年（昭和13年）。日中戦争が泥沼化《どろぬまか》し、日常生活も苦しくなる中、巷《ちまた》には多くのデマが飛《と》び交《か》っていた。そこで、デマが広まる速さを〝実験〟しようと陸軍参謀《さんぼう》の一人が民間の友人に吹《ふ》き込んだ。〝国民の士気《しき》に関わるので今は伏《ふ》せているが、実《じつ》は双葉山《ふたばやま》が昨日死んだ〟

その後、参謀本部は〝24時間内に、この噂話《うわさばなし》が入ったら直《ただ》ちに報告せよ〟と国内外の全陸軍部隊に周知《しゅうち》した。双葉山といえば当時、69連勝した大横綱。噂話はたちまち広がった。一番遠くは満州《まんしゅう》（現・中国東北部）にある司令部《しれいぶ》からの報告だったという（『歴史のくずかご』文春文庫）。

日蓮大聖人は「立正安国論《りっしょうあんこくろん》」で「速《すみやか》に対治《たいじ》を回《めぐら》して早《はや》く泰平《たいへい》を致《いた》し」（御書33ページ）と。世にはびこる誤《あやま》った思想や宗教を「速《すみやか》に」打《う》ち砕《くだ》き、「早く」社会の平穏《へいおん》を取《と》り戻《もど》す。これが仏法者《ぶっぽうしゃ》のあるべき姿勢《しせい》であろう。

インターネットの発展により、今は情報が瞬時《しゅんじ》に世界を巡《めぐ》る。人々の不安をあおる悪意《あくい》に満《み》ちた話も後を絶《た》たない。私たちはウソを追い抜くような速度で、人を励《はげ》まし、人をつなぐ言論戦を展開したい。よりよい社会を築くために必要なのは「真実を伝えるスピード」である。

バチカンがSGIに注目した理由

２０１７・11・20

バチカン市国で開かれた核軍縮《かくぐんしゅく》を巡《めぐ》る国際会議に、ＳＧＩの代表が参加した（２０１７年11月10、11日）。７月に核兵器禁止条約が採択《さいたく》されて以来、初めて開かれた世界規模《きぼ》の会議である。

カトリック教会の中心地であるバチカンは長年、核廃絶《はいぜつ》や環境問題などの地球的問題に向き合ってきた。現教皇《きょうこう》のもと、そうした取り組みをさらに加速する機関が設置《せっち》され、今回の会議を主催。ＳＧＩは、仏教団体で唯一《ゆいいつ》の招聘《しょうへい》を受けた。

バチカンがＳＧＩに注目した理由――それは生命尊厳《そんげん》の哲学を基調《きちょう》とする対話の取り組みが、青年を先頭に広がっている事実を認識したからである。会議関係者は語っていた。「私たちの未来は、若者たちにあるのです」と。

今年は戸田先生の「原水爆禁止宣言」から60年。恩師の叫《さけ》びを胸に、池田先生は思想や信条の壁《かべ》を越え、世界を舞台に友情と信頼を結《むす》んできた。「『宗教間の対話』『文明間の対話』の道を開いておくことが、後に続く青年たちのための、私の責務《せきむ》」――かつて先生はつづっている。

師の心を継《つ》いだ各国の青年の連帯は、今や時代をリードする、確かな平和の力《ちから》となった。世界宗教として新たな飛躍《ひやく》を開始した87周年の「創立の月」。創価の誇《ほこ》りを胸に、わが使命の場で平和への対話を重《かさ》ねたい。

人は一人でも 世の中を変えられる

2017・11・24

「父は、『人は一人でも世《よ》の中を変えることができる、皆やってみるべきだ』とよく言っていました」。キャロライン・ケネディ前駐日《ちゅうにち》米大使が、山形県米《よね》沢《ざわ》市を訪《おとず》れた折に語ったものである。

この言葉は同市内にある第9代米沢藩主《はんしゅ》・上杉鷹山《ようざん》の銅像の前に掲示《けいじ》されている。鷹山は、父・ケネディ大統領が〝最《もっと》も尊敬《そんけい》する日本人〟として挙《あ》げた人物。「あなたが国家に対して何ができるかを自問してほしい」という大統領就任《しゅうにん》式の演説は有名だが、その考え方には、鷹山の思想が深く影響していると、前大使は述べた。

鷹山が米沢藩主となった時、藩は深刻《しんこく》な財政破綻《はたん》に陥《おちい》っていた。洪水《こうずい》や干《かん》ばつなどで耕地《こうち》は荒《あ》れ果《は》て、農民たちは働く意欲《いよく》をなくしていた。鷹山は自《みずか》ら鍬《くわ》を持ち、田を耕《たがや》し始めた。当時の社会では考えられない行動である。この「率《そっ》先垂範《せんすいはん》」が皆の心を動かし、改革を断行《だんこう》する力《ちから》となった。

鷹山は家臣《かしん》に「なせば成《な》る／なさねば成らぬ／何事も／成らぬは人の／なさぬなりけり」との歌を詠《よ》み贈った。いかに時代が変わろうとも、まずリーダー自身が先頭を走ることが、新たな時代を開く要諦《ようてい》だ。

創価の歴史は、三代会長の「一人立つ」精神に源流《げんりゅう》がある。そこに連《つら》なる勇気の挑戦を開始する時、自らの境涯《きょうがい》も大きく開けていく。

「私は、私の足で生きていく」

2017・12・7

先日行われた「少年の主張全国大会」で群馬の女子中等部員が発表した。彼女は足の障がいで義足《ぎそく》を着《つ》けていた。物心《ものごころ》ついた頃から劣等感《れっとうかん》にさいなまれ、足の隠《かく》れる服ばかり選んだ。

中学校で裏方《うらかた》をやろうと演劇部へ。だが、ひょんなことから役をもらう。最初は恥《は》ずかしさでいっぱいだったが、演じ切った時、味わったことのない達成感が。自分を表現する喜びだった。そして気付く。今まで多くのことを諦《あきら》めてきたが、それは義足のせいではなく、自分を抑《おさ》えつけていたにすぎないのだと。

彼女いわく、個性とは「私の境遇《きょうぐう》の中で感じたことや考えたことの先に見えるもの」。だから「私は、私の足で生きていく」――発表は「理事長賞」を受賞した。

彼女には〝周囲にどう見られるか〟より〝自分がどう生きるか〟という、考え方の転換があった。池田先生は「個性とは、『人と違うことをやろう』というような浅いものではない。そんな虚栄《きょえい》を捨《す》てて、自分が精一杯《せいいっぱい》、何か価値あることをしようと打ち込んで生きた結果、光《ひか》ってくるものです」と。

人生という舞台の主役は自分自身。今、置かれた境遇で努力を重ね、懸命《けんめい》に生き抜く。他人と比《くら》べるのではなく、〝昨日の自分〟より一歩でも前進する。その中で、かけがえのない個性が開花《かいか》する。

「核兵器は絶対悪」の思想を世界へ

2017・12・20

国際NGO「ICAN《アイキャン》(核兵器廃絶《はいぜつ》国際キャンペーン)」へのノーベル平和賞授《じゅ》賞式《しょうしき》(2017年12月10日)に合わせ、オスロ市内で多彩《たさい》なイベントが行われた。ノーベル平和センターではICANに関する特別展示が開幕。展示にはSGIを含む全パートナー団体の名が紹介されている。

本年7月、核兵器禁止条約が採択《さいたく》。ICANの受賞は、その推進への尽力《じんりょく》等が評価されたものだ。今回の一連《いちれん》の行事で関係者は訴《うった》えていた。〝核兵器は問題だが必要〟という主張に、皆が何となく納得《なっとく》してしまっている。しかし、〝そういうもの〟と受け入れてしまうこと自体が誤《あやま》りなのだ、と。

核兵器を巡《めぐ》る緊張《きんちょう》が世界的に高まる中、禁止条約が採択され、ＩＣＡＮに平和賞が贈られた意味は何か。それは、繰《く》り返される核を巡る危機《きき》の根本《こんぽん》原因が、核兵器の「存在」そのものにあることに、人々の目を向けさせることであろう。

ＩＣＡＮのベアトリス・フィン事務局長は語った。〝希望が見いだせず、人々が諦《あきら》めそうになった困難な時代にも、ＳＧＩが立ち上がる力《ちから》と勇気を発揮《はっき》し続けてきたことに多大な啓発《けいはつ》を受ける〟

核兵器は人間の「元品《がんぽん》の無明《むみょう》」が形になった魔性《ましょう》の産物《さんぶつ》――この「核兵器は絶対悪」の思想を掲《かか》げ、私たちは「平和への選択《せんたく》」を訴え続ける。

第3章 人生

苦闘をどう乗り越え、人生をどう幸福に生きるか。確かな哲学を持った庶民の姿は、〝生き方のヒント〟を教えてくれる。

人が求める言葉を届ける

2017・1・21

「時代の飢餓感《きがかん》にボールをぶつける」。自身の創作《そうさく》活動を、そう表現したのは作詞家の阿久悠《あくゆう》さんだった。作詞とは「時代のなかで変装《へんそう》している心を探《さが》す作業」と（『書き下ろし歌謡曲』岩波新書）。

「幸福」という言葉一つとっても、人々の考える意味は時代によって変わる、と阿久さんは言った。おなかが満《み》たされていること、欲《ほ》しいものが手に入ること、友人や家族と楽しく過《す》ごすこと——。それを知るために、阿久さんは後半《こうはん》生《せい》の二十数年間、日記をつけることを習慣《しゅうかん》にしていた。

書きとどめたのは主《おも》に日々のニュース。世界情勢、経済の動向《どうこう》や、天気、スポーツの結果など。毎日の記録で「昨日と違《ちが》う今日の確認」をしたという。ささいな出来事《できごと》から時代の変化を洞察《どうさつ》する。そうして人々が待ち望む言葉を世に送り続けた。

戸田先生は「歩き方、肩《かた》の怒《いか》らし方、また、声で、その人が分《わ》かるものだ。ドアの開《あ》け方ひとつで、その人の悩《なや》みが分かるものだ」と。池田先生は、この恩師の指導を通して、人々の生命状態を見抜くことが指導者の要件《ようけん》であることを強調した。

日頃から接《せっ》し、〝よく分かっている〟と思う相手でも、その心は常《つね》に動いている。祈りを根本《こんぽん》に感受性《かんじゅせい》を磨《みが》きつつ、今、目の前の一人が求める「言葉」を届《とど》けたい。

人を励ませば自分も元気になる

2017・12・23

日本に義足《ぎそく》が登場して明年（2018年）で150年。下肢《かし》を切断《せつだん》した歌舞伎《かぶき》役者が、米国から取り寄《よ》せて舞台で着《つ》けたのが最初という。今、多くの義肢装《ぎしそう》具士《ぐし》が国内に誕生《たんじょう》し、義足のスポーツ選手も多く活躍している。

義肢装具士の第一人者・臼井《うすい》二美男さんは、さまざまな義足を生み出してきた。例えば、膝《ひざ》や足首を調整でき、本物の脚《あし》に似《に》せた義足。また妊婦《にんぷ》のために、腹部《ふくぶ》の膨《ふく》らみに合わせて調整できる義足等である。

これらの義足はオーダーメードで、大量生産できない。依頼主《いらいぬし》の脚の状態は、千差万別《せんさばんべつ》だからだ。しかし臼井さんは、どんなに時間がかかっても、一人一人が満足するまで義足の調整をやめない。彼は〝懸命《けんめい》に生きる依頼主を見ていると「自分も負けられない」と力《ちから》が湧《わ》いてきます〟と述べている（『転《ころ》んでも、大丈夫』ポプラ社）。

仏法は、他者《たしゃ》に寄《よ》り添《そ》う「菩薩《ぼさつ》」の生き方を教えている。人を励《はげ》ませば、自分もまた元気になる。多くの人が学会活動の中で実感していることだろう。

池田先生は「人の『生きる力』を引き出した分だけ、自分の『生きる力』も増《ま》していく」「『利他《りた》』と『自利《じり》』の一致《いっち》です」と。友に尽《つ》くす人生には充実《じゅうじつ》と喜びがある。「喜《き》とは自他共《じたとも》に喜ぶ事なり」（御書761ジペー）との御聖訓《ごせいくん》をかみ締《し》めたい。

母を思えば君は間違わない

2017・1・6

ある青年部員は、子どもの時分《じぶん》から悩《なや》みに直面《ちょくめん》するたび、父に話を聞いてもらうという。相談を受けた父が最後に必ず口《くち》にする言葉がある。昔から全《まった》く変わらない。「判断が正しいかどうかは、『それをしたら、母さんが喜ぶか、どうか』で考えろ」

そこには父から息子《むすこ》への大きな信頼がある。〝母を思え。そうすれば、君は間違《まちが》わない〟——少年、青年、熟年《じゅくねん》、どの年代になろうとも、変わることのない判断基準《きじゅん》や価値観が、この世にはある。

今年の新年勤行会の折、高齢の婦人が入会した。婦人は数十年来、ある母子《ははこ》を見てきた。子は病《やまい》を患《わずら》い、母子は試練《しれん》に深く悩まされた。だが決して逃げず、信心を貫《つらぬ》いた。年月を重《かさ》ね、子は立派《りっぱ》に成長した。そして婦人と会うたび、子は「おばさん、元気？　風邪《かぜ》ひかないでね」などと心優《やさ》しい言葉を掛《か》けた。

〝この親子の苦労は本物だ。この子の姿《すがた》と言葉に、真実の学会を見た〟。婦人は心からそう思い、入会を決めたという。

御書に「教主釈尊《しゃくそん》の出世《しゅっせ》の本懐《ほんかい》は人の振舞《ふるまい》にて候《そうらい》けるぞ」（1174ジペー）と。

今や、多様な映像や活字を通し、学会を知る機会は格段《かくだん》に増《ふ》えた。だが、技術が進歩し、環境が激変《げきへん》する現代だからこそ、「人の振舞」という仏法の変わらぬ本質を見失《みうしな》うまい。

最高の恩返し

2017・5・14

作家の出久根《でくね》達郎さんが、『母を語る』（NHKサービスセンター）で亡《な》き母を紹介している。決して上手とは言えない片仮名《かたかな》で、「タカラハコ」と書かれた箱《はこ》を遺品《いひん》から見つけた。中には、出久根さんが就職先の東京から送った手紙の束《たば》が入っていた。

その内容は〝これだけ手紙を出したのに、なぜ返事をよこさないのか〟という不満ばかり。母は読み書きがほとんどできないと知りながらの恨《うら》み節《ぶし》。それでも母は、わが子の手紙を宝物として、大切に保管していた。

ある青年部員は、未入会の母と一緒に信心できるよう長年祈っていた。父は若くして他界《たかい》し、苦労ずくめの母。最高の恩返しを、と仏法対話を重《かさ》ねるが平行線は続いた。

ところがある日、母が入会を申し出た。青年が毎年の元日に記《しる》す「今年の目標」の最初に、必ず「母の幸福・長寿のために題目をあげる」とあることを青年の妻から聞き、決心したという。入会後、母と青年の家族が初めて一緒に勤行をした時、孫娘が「おばあちゃん、何を祈ったの?」と聞いた。「息子家族の幸せだよ」との答えに青年は涙した。

たとえすれ違《ちが》いがあっても、子の幸せを願わない親も、孝行《こうこう》したいという子の真心を喜ばない親もいない。その変わらぬ愛情の深さに頭《こうべ》を垂《た》れる今日の「母の日」。

「嫁ぐ時　父からの御書　大切に」

２０１７・７・23

「嫁《とつ》ぐ時　父からの御書　大切に」。本紙の「新・生き生き川柳」（２０１７年7月12日付）に投稿《とうこう》された句だ。父から贈られた御書は、何年たっても娘の傍《かたわ》らで光を放《はな》っていくのだろう。

ある座談会で婦人が心に残る御書についての思い出を語った。それは、自分の結婚式でのこと。結婚前に夫を折伏《しゃくぶく》し、夫の故郷で晴れて式を挙《あ》げたのだが、夫の家族や親戚《しんせき》はまだ信心には無理解だった。

そんな中、式典であいさつした父が「これからいろんなことがあるでしょうが、どうか若い二人を見守ってください」と述べ、「冬は必ず春となる」（御書1253ページ）との一節《いっせつ》を旅立つ娘に贈った。父の思いを支《ささ》えに婦人は、夫の大病《たいびょう》なども乗り越え、和楽《わらく》の家庭を築いてきた。

ある青年は、苦しい時にはいつも、仏壇《ぶつだん》に向かう亡《な》き父の姿《すがた》を思い起こすという。がんで「余命《よめい》2カ月」の宣告《せんこく》を受けた父だが、嘆《なげ》かず、くじけず、淡々《たんたん》と唱題に挑戦した。やせ衰《おとろ》えながら、御書を拝《はい》し、1年間、更賜寿命《きょうしじゅみょう》した姿を誇《ほこ》りに思うと。

親が子に残したいものは、さまざまあるに違《ちが》いない。池田先生は、次の世代の人たちに残すべきものの一つとして「負けない心」を挙げている（『新・女性抄』）。負けないという「心の財《たから》」を自《みずか》らの姿で、自らの言葉で伝えていける夏にしたい。

「幸福ホルモン」を増やすには

2017・2・6

すぐ目の前にいる同僚《どうりょう》と、メールやSNSを使って〝会話〟する若者が増《ふ》えているそうだ。パソコンやスマートフォンが普及《ふきゅう》する現代社会。以前なら直接、言葉を交《か》わしていた場面でも、メールやラインでのやりとりが多くなっていないか。

こうした状況に警鐘《けいしょう》を鳴《な》らすのは、脳生理学者の有田秀穂氏。メールだけのコミュニケーションでは、人を信頼し、人のために何かしたいとの気持ちが減《げん》退《たい》するという（『脳の疲《つか》れ」がとれる生活術』ＰＨＰ文庫）。鍵《かぎ》になるのが「オキシトシン」という神経物質だ。

オキシトシンとは、別名「幸福ホルモン」。他者への信頼感を強め、ストレスが消《き》えて幸福感が増《ま》す作用がある。さらに血圧《けつあつ》の上昇を抑《おさ》えて、心臓の機能《きのう》を向上させ、長寿《ちょうじゅ》になるとの研究結果も。オキシトシンの分泌《ぶんぴつ》を促《うなが》すのは、スキンシップや一家だんらんなどの親しい語らいだという。人の幸福を願ったり、親切を心掛《こころが》けたりすることもいい。他者に関《かか》わる行動自体が、心と体を健《すこ》やかにする。

日蓮大聖人は「人のために火をともせば・我《わ》がまへあきらかなるがごとし」(御書1598ジペー)と。友のために動くと、同時にわが生命も躍動《やくどう》する。さらに仏法を語れば、歓喜と功徳《くどく》は計《はか》り知れない。この自他共《じたとも》の幸福の道を、今日《きょう》も生き生きと歩《あゆ》みたい。

小さなことに大きな幸せの因は宿《やど》る

２０１７・３・２５

事故の後遺症《こういしょう》で、声は出せても言葉にならない少女が、〝一日だけ話せたら、したいこと〟をつづったエッセーを読んだ。タイトルは「わたしの願い」（日本新聞協会発刊「ＨＡＰＰＹ新聞」）。

〝お母さんに「ただいま！」って言う〟〝お父さんとお兄ちゃんに電話して、「早く帰ってきて」って言う〟などの願いが並《なら》ぶ。そして、最後の一文に胸が締《し》め付けられた。「家族みんなに『おやすみ』って言う／それで　じゅうぶん」

人が心から望《のぞ》むもの。それは、ささやかでも、かけがえのないことに違《ちが》いない。岩手県釜石市《かまいし》の中学校で行われた「東北希望コンサート」（民音などが主催《しゅさい》）でのこと。同市出身の歌手が生徒らと、釜石と熊本の震災復興《しんさいふっこう》を願って、「釜石、熊本に帰ったら○○したい」という内容の歌を作り、合唱した。その歌詞《かし》も、〝よく遊《あそ》んだ公園から夕日を見たい〟〝母校《ぼこう》に行《い》ってみたい〟というものだった。

以前、「震災後、希望を持てた転換《てんかん》点は？」と取材した際、多くの友の答えが重《かさ》なった。「聖教新聞で池田先生の指導を学べた時」「御本尊《ごほんぞん》の前で勤行できた時」「座談会で皆に会えた時」……。

決して仰々《ぎょうぎょう》しくはない小さなことにも、大きな幸《しあわ》せの因《いん》は宿《やど》る。それを知り、感謝できる人が、本物の幸福を手にする。

心にどんな〝絵〟を描くか

２０１７・５・13

毎朝、近所の竹林を見るたび、その成長の勢《いきお》いに驚《おどろ》く。「天まで届《とど》きそうな」との表現がぴったりだ。

実《じつ》は天まで届くエレベーターの開発が国内で進んでいる。その名も宇宙エレベーター。実現すれば、宇宙へ人や荷物を運《はこ》ぶことができる。「『竹取《たけとり》物語』のかぐや姫も竹のエレベーターで地球と月の間を昇降《しょうこう》した」。開発検討会議では、そんなユーモアを交《まじ》えた発表も。

ＳＦファンの間《あいだ》では古くから夢物語として語られていた。だが26年前、開発条件に応《こた》えられる素材《そざい》が発見され、議論が加速。完成目標は2050年という。「胸中《きょうちゅう》に成竹《せいちく》あり」との故事《こじ》がある。竹の絵を描《えが》くには、まず胸中に竹の姿《すがた》を思い描くこと――「人生も同じ」だと池田先生はつづる。「心に、未来のどんな絵を描くか。ありありと、目前に見えるがごとく、希望に満《み》ちた絵を描かねばならぬ」。古今《ここん》の大事業もまた、たとえ誰《だれ》も信じずとも「できる！」と思った最初の一人から始まった。

勤行・唱題《しょうだい》は胸中に「幸福と勝利の絵」を描く作業とも言えようか。絵が現実になった時、周囲にも〝自分もできる！〟との確信が広がる。御書に「竹の節《ふし》を一つ破《わり》ぬれば余《よ》の節亦破《またわ》るるが如《ごと》し」（1046ジペー）と。まず自分が心に〝絵〟を描き、挑《いど》み始める。そこから人間革命の万波《ばんぱ》を。

「なんにでも、ありがとうをいうよ」

2017・1・22

マレーシア・ボルネオ島の先住民《せんじゅうみん》プナン族は、「ありがとう」を意味する言葉を持たないらしい。

〝互《たが》いに助け合うのは当然〟と皆が思っているから、言う必要がないのだという。ただ、多様《たよう》な考えを持つ人々が触《ふ》れ合う社会では、なかなかこうはいくまい。人々の心を潤《うるお》す「ありがとう」は、やはり大切である。

東京のある少年部員が昨年の「きぼう作文コンクール」でホイットマン賞（詩部門）に輝《かがや》いた。題名は「ありがとう」。彼は先天性の脊髄疾患《せきずいしっかん》により、手術と入院を繰《く》り返してきた。不可能と思われた歩行《ほこう》も、小学1年の今では、杖《つえ》を使《つか》って歩けるまでに。家族や同志の励《はげ》ましに包《つつ》まれながら、リハビリに挑戦する日々だ。

彼は詩につづった。「ぼくはなんにでも、ありがとうをいうよ」。夏には鳴《な》いているセミたちに。春には桜、秋には紅葉《もみじ》、冬には雪に。「いつもいうのは、かぞくとがっこうのともだち」「あと、のみものとコップとつくえと、もう／ちきゅうのぜんぶ！／ついでに、うちゅうのぜんぶにも！」

「有《あ》り難《がと》う」は元来《がんらい》、〝そうあることがまれだ〟との意味。この、当たり前を当たり前と思わない心は、困難を乗り越える中で育《はぐく》まれる。生きる喜びを広げ、周囲にも笑顔を送る。感謝できる人は幸福の灯台である。

「ありがとう」の言葉は心をつなぐ

2017・4・6

パイロットを夢見《ゆめみ》る少年部員が空港を訪《おとず》れた。春休みを利用した〝社会科見学〟である。

案内役は副操縦士《そうじゅうし》。鉛筆《えんぴつ》を手にした豆記者《まめきしゃ》から質問が飛ぶ。飛行機《ひこうき》の重さは？　燃料《ねんりょう》はどこに積むの？　そして「パイロットになるために大切なことは？」。答えは「勉強も大事。体を鍛《きた》えるのも大事。でも一番大事なのは『親孝行』かな」。メモを取る少年の手が止まった。

父や母は最《もっと》も身近《みぢか》な存在ゆえ、つい感謝を忘れがち。だが「当たり前」を

「ありがとう」の言葉に置《お》き換《か》えられる心こそ、パイロットに必須《ひっす》の資質《ししつ》だという。旅客機《りょかくき》を飛ばすために、どれほど多くの人が汗《あせ》を流しているか。クルーや整備士、貨物《かもつ》や清掃《せいそう》のスタッフ、営業や旅客担当者……。「感謝の言葉は心をつなぐ。みんなの心が一つになって初めて最高の仕事もできるんだよ」と副操縦士は言った。

文豪《ぶんごう》ゲーテの至言《しげん》に「感謝しなければならぬ人と出あいながら、感謝をわすれていることが、どんなにしばしばだろう」（大山定一訳）と。御書には「言《ことば》と云《い》うは心の思いを響《ひび》かして声を顕《あらわ》すを云うなり」（563ページ）と仰《おお》せである。

飛行機が人を運《はこ》ぶ乗り物なら、言葉や声は「思い」を乗せて運ぶもの。向かう先は相手の「心」だ。感謝の気持ちも目的地に着いてこそ、である。

感謝の人に愚痴《ぐち》や不満はない

2017・8・15

仏教説話《せつわ》を一つ。ある日、サッピという王が〝変装《へんそう》〟して城下《じょうか》へ。途中、靴直《くつなお》しの老人に質問した。「世の中で一番楽《らく》なのは誰《だれ》だろう」。老人は答える。「王様ですよ。皆、言うことを聞くし、国民は何でも献上《けんじょう》する。こんな楽な商売はない」

王は一計《いっけい》を案《あん》じた。老人を酒に酔《よ》わせ、眠っている間に宮中《きゅうちゅう》へ運び、「この者を王とせよ」と。目覚《めざ》めた老人は、立派《りっぱ》なベッドや服に驚嘆《きょうたん》。「役人がお待ちしています」と、言われるがまま玉座《ぎょくざ》へ。無数の政務《せいむ》が押し寄せるが、さっぱり分からない。疲労《ひろう》で美食《びしょく》も喉《のど》を通らず、日に日に痩《や》せ衰《おとろ》える。再び酒を飲まされ、城下に戻《もど》った老人。「王様になった夢を見たけど、すっかりまいった」

人の苦労は表面だけでは分からないにもかかわらず、恵《めぐ》まれた境遇《きょうぐう》の人を見ると、つい「うらやむ」感情が湧《わ》いてしまう。だが、「うら」（心の意）が「病《や》む」との語源《ごげん》通り、実《じつ》はあまり健全《けんぜん》なものではない。

うらやむ心が出るのは、自身の中の「感謝」が薄《うす》れている時でもある。感謝の人に愚痴《ぐち》や不満はない。周囲への感謝を忘れず、自身の使命に生き抜《ぬ》いていきたい。

池田先生は「自分の『生命』の中に、『一念』の中に幸福はある」と。信心は、わが己心《こしん》に必ず具《そな》わる幸福の光、感謝の命を輝《かがや》かせるためにある。

すぐ役立つことは　すぐ役立たなくなる

２０１７・１・20

雪晴れの日曜の朝、ジャージー姿《すがた》の高校生たちが、歩道橋の階段に残る雪を掃《は》いていた。「今日は学校？」と話し掛《か》けると、「野球部の朝練《あされん》です！」と元気な返事と白い息。「グラウンドが使えないと練習できないね」と言うと、彼らは胸を張《は》って答えた。「これも練習です」

上達《じょうたつ》に技術の習得《しゅうとく》は大事。だが、それ以上に「人間教育」ともいうべき〝心の修練《しゅうれん》〟が大切だと彼らの言動《げんどう》に教えられた。

有名な進学校の私立灘《なだ》校で50年間、国語の教師を務《つと》めた橋本武さんも、同様の考え方を持っていた。教科書ではなく、1冊の小説を中学の3年間かけて学ぶというユニークな授業には、深い信念があった。「すぐ役立つことは、すぐ役立たなくなる」「何とか生徒の心に生涯残って、生きる糧《かて》となる授業がしたい」

(『一生役立つ学ぶ力』日本実業出版社)

例えばスナック菓子や嗜好品《しこうひん》は、一時の空腹《くうふく》は満《み》たせても、体をつくる本当の栄養にはならない。同じように、〝人生の骨格《こっかく》や血肉〟は、即席《そくせき》でなく、十分な時間をかけてつくりあげるものだ。

仏法も、真の功徳は「冥益《みょうやく》」、真の人生の財産は「心の財《たから》」と教える。自身の無限の可能性を信じ抜き、鍛錬《たんれん》の日々を重《かさ》ねる中で、絶対的幸福の軌道《きどう》は着実に、堂々と築かれていく。

人材育成には目に見えない急所がある

2017・8・10

「娘さんは、立派に高校推薦《すいせん》に値《あたい》します」――何とかして娘の進学先を開きたいと祈っていた母親に、教員はこう言った。

中学3年の娘は勉強が苦手《にがて》だった。だが、授業中に騒《さわ》ぐ子をたしなめるなど、クラスを支《ささ》える存在だったことを面談で初めて聞かされる。〝この子はすごいな〟。母の心が変わった。以後、娘は進学も勝ち取り、勉強面も着実に伸びていった。

ある年のイタリア訪問中、レオナルド・ダ・ヴィンチの天井画《てんじょうが》を見た池田先生は、彼の着眼点《ちゃくがんてん》に感嘆《かんたん》する。「普通、樹木《じゅもく》を描《えが》いても、根までは描かない。しかし、レオナルドは、根に着目し、描いたのである」。当時の様子が月刊誌「潮」2017年9月号の連載「民衆こそ王者」イタリア篇に生き生きと綴《つづ》られている。

人を育てる際も、目に見えない急所があることを池田先生は語る。「多くの人々は、目に見える部分にしか注目しない。しかし、私どもは、何ごとも、どこに『根』があるかに着目し、よき『根』を養《やしな》い、育てることに全力を尽《つ》くさねばならない」

花は咲かず、芽《め》さえ出ない時でも根は土の中で伸びている。たとえ回り道であっても、歩《あゆ》んだ道には全《すべ》てに意味がある。使命ある若き大樹《たいじゅ》の根っこよ育て、と祈らずにはいられない。

子どもは〝プラスの言葉〟で育つ

2017・8・17

近所で親子が自転車の練習をしていた。後ろで自転車を支《ささ》えつつ駆《か》けだす親。子の顔がゆがむたび、すかさず声を掛《か》け、励《はげ》ましている。どちらも汗《あせ》だくで、真剣そのもの。ほほ笑《え》ましい光景に、子どもの頃《ころ》の記憶《きおく》がよみがえった。

自転車の練習は失敗の連続だった。恐怖感が募《つの》り、何度も諦《あきら》めかけた。そんな自分に、父親は粘《ねば》り強く付き合ってくれた。終始《しゅうし》、繰り返していたのは「大丈夫。絶対できるよ」との言葉。あの励ましと、初めて自転車に乗れた時の喜びが、今も心の奥深くで自分を支えてくれている気がする。

大阪教育大学教授の園田雅春氏は、野菜や果物を食べてビタミンを摂取《せっしゅ》するように、子どもの自尊《じそん》感情は、周囲から掛けられる〝プラスの言葉〟で育つと説《と》く。このプラスの言葉を、氏は自尊感情の頭文字《かしらもじ》をとって「ビタミンJ」と呼ぶ（朝日新聞デジタル）。

子どもは、初めから自分に自信を持っているわけではない。「ビタミンJ」は、自分を認め、信じ、励まし続けてくれる他者《たしゃ》との関わりによって、時間をかけて育《はぐく》まれるものなのだ。

池田先生は「一人ももれなくダイヤモンドの生命である」と未来部員に呼び掛ける。夏休みも終盤《しゅうばん》。この師の心を胸に、未来部員の夏の挑戦を全力で励まし、共《とも》に成長していきたい。

本には人生を変える力《ちから》がある

2017・10・27

インターネット上に質問を投稿《とうこう》すると、それを閲覧《えつらん》した人たちから、程《ほど》なく回答が寄せられる。便利な時代と感心する半面、自分で調べたわけではない〝借り物〟の知識をため込んでも本物の知性は磨《みが》かれないのではと心配になる。

記者という仕事柄《がら》、一つの事実を確かめるために、何冊もの書籍と格闘《かくとう》することが多い。有益《ゆうえき》な情報を得るための努力は、頭とともに心を鍛《きた》えてくれるように思う。加えて、本との関わりは、知識を得る以上《いじょう》に、価値ある生き方を教えてくれる。

先日も、本の存在の大きさを痛感《つうかん》する出来事があった。宮城県の気仙沼湾《けせんぬま》に浮かぶ「大島」の中学校に、学会から優良図書《ゆうりょう》300冊と書架《しょか》が贈られた。贈呈式に臨《のぞ》んだ生徒が喜びを語った。「島には書店がありません。大切に読み、人の役に立つ人間に成長します」

大島は東日本大震災の際、東西の浜から押し寄せた津波に挟《はさ》み撃《う》ちにされ、島内では火災も起きた。そんな極限《きょくげん》の恐怖《きょうふ》を経験した子どもたちが今、島の復興や地域社会に役立ちたいと、本を成長の糧《かて》に学んでいる。彼、彼女らにとって、「本」は未来を切り開く〝宝剣《ほうけん》〟となるに違いない。

人生を変えるほどの大きな力《ちから》が、本にはある。珠玉《しゅぎょく》の一書に出あう喜びを大切にしたい。

「君は、ほんとうは、いい子なんだよ」

2017・11・17

「め」と「ぬ」の区別ができない。2桁《けた》の足《た》し算、引き算ができない。〝変わった子〟とレッテルを貼《は》られ、小学校を退学した名司会者がいる。テレビでおなじみの黒柳徹子さんだ。

「君は、ほんとうは、いい子なんだよ」――転校した小学校で校長先生に励《はげ》まされ、彼女は変わった。後《のち》に才能を開花させ、テレビ女優の第1号に。抜群《ばつぐん》の記憶力《きおくりょく》が司会業に生きた。「『校長先生はいい子だとおっしゃった、だから私はできるだろう』と思うときがいっぱいありました」(『トットちゃんとカマタ先生の

ずっとやくそく』ソフトバンク　クリエイティブ）

鳥取の男子部員は、人付き合いが苦手《にがて》だった。職場でも、すぐ口論《こうろん》になってしまう。同僚《どうりょう》に疎《うと》まれる中、励まし続けてくれる女性がいた。「君にも使命があるんだよ」。学会の婦人部員だった。

彼は2年前に入会。音楽隊で薫陶《くんとう》を受けた今、得意のピアノを生かして音楽家に。報恩の心で、自作の歌を弾《ひ》き語る。「今度は僕が音楽を通して人々に寄《よ》り添《そ》い、励ましたい」

人に「どんな」使命があるかは、誰《だれ》にも分からない。だが、「必ず」使命があることを仏法は説《と》いている。信じてくれる人がいれば、人はどんな苦難にも負けない。信じ抜くことこそ、最高の励ましである。

必ず〝自分以上の人材〟に育てる

２０１７・12・21

わずかな紙幅《しふく》に斬新《ざんしん》なアイデアをちりばめ、たちまち迎《むか》える意外《いがい》な結末――短編よりもさらに短い「ショートショート」といわれる形式で活躍した作家に星新一氏がいる。夢中《むちゅう》でページをめくった方《かた》も多いだろう。

多作で知られる氏は、目標だった「１００１編」を達成した後年、自作の改《かい》訂《てい》作業に力《ちから》を入れた。「ダイヤルを回す」は「電話をする」など、時代の経過《けいか》とともに古びた表現には、徹底《てってい》して手を加えた。長く読み継《つ》がれるために、若い世代や新しい読者を意識し続けたという。今月、没後《ぼつご》20年を迎えても、なお作品の〝鮮度《せんど》〟が落ちない理由の一つがここにある。

どんな分野であれ、新しい人を糾合《きゅうごう》し、新たな視点を取り入れることが組織発展の急所《きゅうしょ》。少子化が進み、各所で後継者不足が叫《さけ》ばれる現代では、なおのことだ。

池田先生は、永遠の栄光を開くための要諦《ようてい》として「人を育てること」「若き命を慈《いつく》しみ伸ばすこと」を挙《あ》げた。先生が範《はん》を示してきた、広布伸展《しんてん》の軌道《きどう》である。

広布の旅路《たびじ》とは、いわば果《は》てなき大長編。後継者が陸続《りくぞく》と現れてこそ次代が開かれる。〝必ず自分以上の人材に〟と、わが地域の青年を皆で励《はげ》まし、育《はぐく》んでいきたい。新しい力が一人また一人立つその先に、想像を超えたドラマが待っている。

積み重ねが力《ちから》になることを忘れない

2017・1・10

よく見かける大きなドラム缶の容量《ようりょう》は200リットル。このドラム缶40本分（8000リットル）の液体《えきたい》を1日で移《うつ》し替《か》えようとすれば、大変な労力《ろうりょく》が必要だろう。実《じつ》は、私たちの心臓は毎日、それだけの量の血液を体じゅうに送っている。

1回の拍動《はくどう》で送り出すのは、わずかな量だ。しかし80ミリリットルずつとして、1分間で70回の拍動があれば5・6リットル。1時間では336リットルとなり、1日で8064リットルという計算になる。このまま続けると1年では3000トン、80年続けば24万トンという、最大級のタンカーほどの途方《とほう》もない量になる。

埼玉の地区部長から喜びの報告があった。学会活動に消極的な壮年部員のもとに通《かよ》い続け、そのたびに励《はげ》ましの手紙を置いてきた。なかなか状況は変わらなかったが、ある日突然、壮年部員が座談会場に現れた。

「あなたに、あれだけの〝ラブレター〟をもらったら、来ないわけにはいかないよ」と笑いながら語っていた。その後、忙《いそが》しい仕事の合間《あいま》を縫《ぬ》っては活動に参加するようになったという。

一回一回の前進はわずかに思えても、続けることに徹《てっ》すれば偉大《いだい》な勝利につながる。御金言《ごきんげん》に「陰徳《いんとく》あれば陽報《ようほう》あり」（御書1178ジペー）と。たゆまぬ地道な積《つ》み重《かさ》ねこそ力《ちから》となることを忘れず、今年も確かな広布拡大の日々を。

「忍耐」と「成長」は一体

2017・5・22

17世紀の英国の詩人ミルトンは43歳の時、両目の視力《しりょく》を失《うしな》った。共和派と王党派が対立する中、共和派を擁護《ようご》していたミルトンは、王党派の論客《ろんきゃく》から失明《しつめい》を嘲笑《ちょうしょう》された。さらに数カ月後、妻と1歳の長男が相次いで亡《な》くなった。

光を失っても詩人は静かに忍耐《にんたい》し続けた。「盲目《もうもく》であることは、盲目に堪《た》えきれないほどにみじめなものではない」（宮西光雄訳『ミルトン英詩全訳集　上巻』）と。困難それ自体は不幸ではない。困難に屈《くっ》し理想を捨《す》てることが、彼にとっては不幸だった。

ミルトンは生涯で多くのソネット（14行詩）を残しているが、代表的な作品は失明後、口述筆記《こうじゅつ》によって生まれた。失明から15年後には大著『失楽園《しつらくえん》』が完成。苦境《くきょう》の中で詩人としての深みが増《ま》したといえる。

法華経《ほけきょう》では、地涌《じゆ》の菩薩《ぼさつ》の姿《すがた》を「忍辱《にんにく》の心は決定《けつじょう》し」と説《と》く。試練《しれん》は自《みずか》らを飛躍《ひやく》させ、自身の本懐《ほんかい》を強く自覚させてくれる。その意味で「忍耐」と「成長」は一体なのかもしれない。より深い人生観に立ち、何ものにも揺《ゆ》るがぬ自己を築くのが私たちの信仰である。

挑戦しているからこそ、行き詰《づ》まることもある。思い通りにいかない現実と格闘《かくとう》し、耐《た》えてこそ、勝利の喜びも大きい。「いまだこりず候《そうろう》」（御書1056ジ゙ー）の御聖訓《ごせいくん》を胸に、堂々と進みたい。

盲目の少年ドラマ

2017・7・26

将棋を覚えたての少年が、父と一局《いっきょく》指した。途中、劣勢《れっせい》の少年が苦《くる》し紛《まぎ》れに銀将を右に動かすと父が言った。「それはルール違反《いはん》だな」。悔《くや》しそうな表情の少年に父は続けた。「ここが将棋の面白《おもしろ》さだよ」

将棋の駒《こま》は動かせる方向が決まっている。いわば、ルールは自由を制限するものだ。だが名棋士《きし》は、その制約《せいやく》も味方に変え、勝利への一手《いって》を打つ。だから将棋は奥が深い。人の生き方にもまた、さまざまな制約がある。だが、そんな不利《ふり》な条件さえも強みに転換《てんかん》するたくましさを、自由や自在と言うのだろう。

ある少年部員は幼少《ようしょう》の頃、目のがんを患《わずら》った。医師に「両目か命、どちらを取りますか?」と言われた両親は〝命を最優先《さいゆうせん》し、この子と使命に生き抜く〟と決めた。

目が見えず、遊べるおもちゃも限られる彼は、4歳からドラムを習い始めた。音に敏感《びんかん》で、リズム感も抜群《ばつぐん》の彼はめきめきと腕《うで》を上げ、今では会合で演奏を披露し、同志を励《はげ》ましている。

昨年の「きぼう作文コンクール」(少年少女きぼう新聞主催)では、彼の点字《てんじ》の作品がビクトリー賞に輝《かがや》いた。一番好きな言葉が〝絶対に諦《あきら》めたらあかん〟であると宣言した後、こう結《むす》んでいる。「僕は負けない! 僕はがんばる! だから、皆さん、僕の成長に乞《こ》うご期待!!」

この苦労を　苦悩ととるか使命ととるか

２０１７・９・25

唐《とう》の詩人・白居易《はくきょい》に「点額魚《てんがくぎょ》」という詩がある。登り切れば竜《りゅう》になれるという「竜門《りゅうもん》の滝」の故事《こじ》にちなんで詠《よ》んだもの。

「点額」とは〝額《ひたい》に傷《きず》を受けること〟を指し、点額魚は、滝を登り切れず、岩に打ち付けられて額に傷を負《お》った魚のこと。その魚の気持ちはどんなものだろうと白居易は自問《じもん》した。

「聞けば、竜になれば天に昇《のぼ》って雨を降《ふ》らせる苦しみがあるそうだ。そんな苦しみをするよりは、永《なが》く魚となって自由に泳ぎまわっているほうが、あるい

はかえって、ましかもしれない」（佐久節訳註『白楽天全詩集2』日本図書センター）

大きな壁《かべ》に挑《いど》み、背負《せお》わなくてもよい苦しみを背負うより、今いる場所で自由に生きているほうが幸せなのではないか——人生の岐路《きろ》にさしかかった時、誰《だれ》の胸にも湧《わ》いてくる微妙《びみょう》な心を、詩人は表現したのだろう。

しかし池田先生は、この詩を通し、論《ろん》じた。「竜は竜なりに雨を降らす労苦《ろうく》がある。この労苦を苦悩《くのう》ととるか、使命ととるか。この違いが、悪知識に敗《やぶ》れるか、成仏《じょうぶつ》かの違いになる」「法華経《ほけきょう》の修行を完成させていくということは、より多くの人々の悩《なや》みを背負い、より大きな困難に立ち向かう使命を、喜び勇《いさ》んで担《にな》うこと」だと。立正安国《りっしょうあんこく》の大理想に挑み立つ。そこにこそ人間革命の道が開かれる。

諦《あきら》めず「それでもなお」と挑《いど》む

2017・11・8

「すぐに諦《あきら》めずに『それでもなお』との信念で、前に進んできました」——元東レ経営研究所社長の佐々木常夫さんは、本紙「幸齢《こうれい》社会」の紙面で、こう語っていた。

自閉症《じへいしょう》の長男、肝臓病《かんぞうびょう》とうつ病を患《わずら》った妻を抱《かか》えての多難《たなん》な生活。佐々木さんは午前5時半に起床《きしょう》して3人の子どもの朝食と弁当を作り、8時に出勤。全力で業務をこなし、午後5時には退社する日々を送った。

度重《たびかさ》なる転勤や破綻《はたん》会社の再建《さいけん》等で多忙《たぼう》を極《きわ》めながらも、佐々木さんは同期トップで東レの取締役《とりしまりやく》に就任。その原動力こそ、逆境《ぎゃっきょう》にあって「それでもなお」と挑《いど》む信念だった。

日蓮大聖人は、苦難に直面《ちょくめん》し、奮闘《ふんとう》する門下に慈愛《じあい》の励《はげ》ましを送られた。「ただ一えんにおもい切れ・よからんは不思議わるからんは一定《いちじょう》とをもへ」（御書1190ジペー）との仰《おお》せは、「熱原《あつはら》の法難《ほうなん》」の渦中《かちゅう》に、難を乗り越える「覚悟の信心」を促《うなが》された一節である。また、別の御書では「石はやけばはいとなる金《こがね》は・やけば真金《しんきん》となる」（1083ジペー）とも仰せである。

信心をしていても、苦難や試練《しれん》に直面することはある。むしろ、苦難にどう立ち向かうかという姿勢にこそ、信仰者の本領《ほんりょう》が表れる。逆境は信心を深め、飛躍《ひやく》する好機《こうき》——この確信と、不屈《ふくつ》の闘志を胸に勝利の人生を開きたい。

苦難は自身を荘厳する宝

2017・12・26

明2018年は、日本画の巨匠《きょしょう》・横山大観《たいかん》の生誕《せいたん》150周年。富士山の名画《めいが》を数多く残した彼には、大山《たいざん》に吹《ふ》き荒《あ》れる雪嵐《ゆきあらし》のような日々があった。

東京美術学校（当時）への赴任《ふにん》中、恩師・岡倉天心《てんしん》が讒言《ざんげん》により排斥《はいせき》された。義憤《ぎふん》に燃えた大観は師を追って辞職《じしょく》し、天心が創立した日本美術院に参加した。しかし、院は財政難《ざいせいなん》に。離《はな》れていく者も続出《ぞくしゅつ》した。やむなく院は茨城の五浦《いづら》に移動。世間から「都落《みやこお》ち」と嘲笑《ちょうしょう》された。

その中で大観は、輪郭線《りんかくせん》を描《えが》かず色をぼかして重《かさ》ねる手法「朦朧体《もうろうたい》」を確立。

だが猛烈《もうれつ》な批判を浴《あ》びた。絵は全《まった》く売れない。魚を釣《つ》って飢《う》えをしのいだ。家も焼失《しょうしつ》。肉親や親友が相次《あいつ》いで他界《たかい》し、恩師・天心も亡くなった。それでも大観は芸術への情熱を燃やし続け、作品を次々と発表。評価は高まり、画壇《がだん》の重鎮《ちん》と仰《あお》がれるようになった。

法華経《ほけきょう》で説《と》かれる宝塔《ほうとう》について、御義口伝《おんぎくでん》には「生老病死《しょうろうびょうし》の四つの苦悩《くのう》をもって、我らの一身《いっしん》の塔を荘厳《そうごん》する」（御書740ページ、趣意）と。「苦」は避《さ》けるべきものではなく、むしろ〝生命を飾《かざ》る宝《たから》〟である――日蓮仏法の捉《とら》え方《かた》は一重《いちじゅう》深《ふか》い。

降《ふ》り積もる雪があるからこそ、富士は美しく化粧《けしょう》をする。心が負けない限り、苦難は自身を荘厳し、人生を輝《かがや》かせる宝となることを忘れまい。

目標達成に近道はない

2017・3・13

バスケットボール界の伝説的選手マイケル・ジョーダン。彼は常《つね》に、高い理想を持ちながらも、短期間の目標を設定《せってい》し、着実に努力を重《かさ》ねてきた。

大学3年の時のこと。周囲からの期待の大きさを感じた彼は、次第《しだい》に〝華麗《かれい》なダンクシュート〟ばかりを追求《ついきゅう》するように。だが逆《ぎゃく》に技術は伸《の》び悩《なや》み、壁《かべ》にぶつかった。

ある日、監督に指摘《してき》され、好調だった時は基本練習を繰《く》り返していたことに気付く。「3年生のぼくは近道を探《さが》していただけ」と振り返る彼は、こう断言する。「目標を達成するには、全力で取り組む以外に方法はない。そこに近道はない」（『挑戦せずにあきらめることはできない』楠木成文訳、ソニー・マガジンズ）
目標が大きいと〝一気に〟〝要領《ようりょう》よく〟進めたいと思うことがある。しかし、地道な努力なくして、大きな飛躍《ひやく》は望《のぞ》めない。御書には「衆流《しゅうる》あつまりて大海《たいかい》となる」（288ジペー）と。広大な海は、小さな川の集《あつ》まりであり、その川もまた、一滴《いってき》一滴の水が集まったものである。
池田先生は「大発展、大勝利といっても、日々の挑戦の積《つ》み重ねである。今を勝ち、きょうを勝つなかにしか、将来の栄光も、人生の勝利もない」と語る。
不可能の壁は、少し頑張《がんば》れば可能な、しかし弛《たゆ》みない努力の末《すえ》に破《やぶ》られる。

苦労の時こそ飛躍《ひやく》の好機《こうき》

2017・4・5

市販のトマトの糖度《とうど》は4~5度程度。だが、農業研究家の永田照喜治氏が栽培《さいばい》したトマトの糖度は、この2~3倍にもなる。ブドウ並みの19度になったことも。

秘密は「スパルタ農法」にある。水と肥料を極力《きょくりょく》少なくし、トマトを〝甘《あま》やかさない〟。ぎりぎりの環境に置かれたトマトは、養分《ようぶん》や水分を何とかして吸収しようと、茎《くき》や葉などあらゆるところに産毛《うぶげ》をびっしりと生《は》やす。その結果、吸収の効率《こうりつ》が上がり、果実においしさが凝縮《ぎょうしゅく》する。

過剰《かじょう》な栄養が与《あた》えられると、根は十分に働《はたら》かなくなるという。満《み》たされ過《す》ぎるとうまく育たないのは、植物も人間も同じかもしれない。

作家の吉川英治氏が、ある裕福《ゆうふく》な青年に語ったことがある。「君は不幸だ。早くから美しいものを見過ぎ、美味《おい》しいものを食べ過ぎていると云《い》う事《こと》はこんな不幸はない。喜びを喜びとして感じる感受性《かんじゅせい》が薄《うす》れて行くと云う事は青年として気の毒な事だ」(『吉川英治とわたし』講談社)。池田先生は、この言葉を紹介しつつ、〝恵《めぐ》まれすぎは不幸〟〝青春時代の労苦《ろうく》こそ宝《たから》〟と、若き友に語った。

時に思い通りにならないことがあっても、腐《くさ》ってはならない。努力に努力を重《かさ》ねる。その中で、何ものにも動じない人格ができる。苦労の時こそ、成長と飛躍《ひやく》の好機《こうき》である。

不断の努力が新たな人生を開く

2017・4・23

人の経歴《けいれき》の8割は偶然《ぐうぜん》の出来事《できごと》で決まる――スタンフォード大学のJ・D・クランボルツ教授が提唱《ていしょう》する学説《がくせつ》だ。社会的成功を収《おさ》めた数百人を調査した結果、8割がその地位を築いた要因《よういん》に、偶然の出会いなど予期《よき》せぬ出来事を挙《あ》げたという。

とはいえ、決して〝偶然に身を委《ゆだ》ねる生き方〟を勧《すす》めているわけではない。教授は、主体的《しゅたいてき》に行動する中で起こるさまざまな偶然を人生を開く好機《こうき》にする「計画的偶発性《ぐうはつせい》理論」を提唱。成功の鍵《かぎ》として①旺盛《おうせい》な「好奇心《こうきしん》」②努力を重《かさ》ねる「持続力《じぞくりょく》」③前向きに物事を捉《とら》える「楽観主義」④固定観念に縛《しば》られない「柔軟性《じゅうなん》」⑤失敗を恐《おそ》れない「冒険心」を挙げる。

「ああなりたい」「こうしよう」と意思《いし》をもって努力することは大切だ。ただ人生は何が起きるか分からない。予想外の何かが起きたとき、〝自分が考えていたこととは違う〟などと切り捨《す》てず、〝新しい人生が開けるかもしれない〟と捉えてみる。不断《ふだん》の努力を重ねつつ、目の前の出来事に心を開いておく——その構《かま》えがチャンスを呼び込むともいえよう。

池田先生は御書を拝し、「強き信心とは、強力な磁石《じしゃく》のように、幸《さいわ》いを万里《ばんり》の外より集める力《ちから》である」と。

勇《いさ》んで動けば、思いがけないドラマが待っている。出会いの春。軽快《けいかい》に一歩を踏《ふ》み出そう。

言葉をアウトプット（出力）する

2017・8・5

新会員の青年に入会して感じたことを聞いた。「題目の歓喜や同志の温かさはもちろんですが、私が驚《おどろ》いたのは〝人前で話す機会が多いこと〟です」

休日は誰《だれ》とも話さず過ごすことも少なくなかったという彼。会合に行けば、〝何でもいいから〟と生活や仕事の様子、目標や将来の夢などを話すよう促《うなが》された。仏法対話にも、冷《ひ》や汗《あせ》をかきながら挑戦した。「本当に苦手《にがて》でしたが、〝今度は何を話そうか〟と考えるようになりました。決意を発表すると、気持ちが前向きになりますね」

哲学者の萱野稔人《かやのとしひと》氏は「知性の本質は、言葉をアウトプット（出力）することにある」と語る。高校までの勉強は正確なインプット（入力）の能力が試《ため》されるが、大学や社会で求められる知性とは、アウトプットする能力。言葉を使って表現することで、自分の考えが明確になったり、物事を十分に理解していないことが分かったりする、と（木村俊介著『「調べる」論』ＮＨＫ出版）。

自分の考えを言葉にするには、時に勇気が必要かもしれない。だが、そこに〝新しい自分〟との出会いや視野《しや》の広がりもある。

黙《だま》っていたら何も始まらない。自身の挑戦を口に出す。友を心から励《はげ》まし、たたえる。祈り、そして、はつらつと語る中で、知性も智慧《ちえ》も磨《みが》かれる。

親友を得るには どうしたらいいか

2017・11・5

どうしたら〝親友〟を見つけられますか?——ある学生からの質問に、漫画《まんが》家《か》の赤塚不二夫さんが答えた。「まずはっきり人生の目標を決めることだ」どんな目標でもいい。達成に向けて真剣に挑戦する中で、自分と同じ志《こころざし》をもつ人と自然に出会う。その仲間こそが、かけがえのない存在になると、赤塚さんは熱く述べた(『人生これでいいのだ!!』集英社文庫)。

赤塚さんは巨匠《きょしょう》・手塚治虫氏を慕《した》い、多くの〝漫画家の卵《たまご》〟が集まったアパート「トキワ荘」に住んでいた。切磋琢磨《せっさたくま》したのは、石ノ森章太郎氏、藤子・

F・不二雄氏、藤子不二雄Ⓐ氏ら。トキワ荘を巣立《すだ》った後も彼らの友情は変わることなく、互《たが》いに触発《しょくはつ》し合いながら、数々の名作を世に送り出していった。

支《ささ》え合い、共《とも》に成長する友の存在が、どれほど大切か。一人の友との出会いで、人生が大きく変わることもある。信仰の道、広布の道もまた例外ではない。

釈尊《しゃくそん》は、妙法弘通《ぐつう》に励《はげ》もうと「決意した人」が善人《ぜんにん》・善友《ぜんゆう》であり、善友を持つことが「仏道《ぶつどう》修行の全《すべ》て」であると強調している。

〝善き友〟を得《え》たいなら、相手にとって〝善き友〟となれるよう、まず自分を磨《みが》くことだ。広宣流布という大目標へ心を定《さだ》め、周囲に希望を届《とど》ける人へと成長していきたい。

第4章

社会

復興の道を進む人。新たな分野に挑戦する人。職場や地域で貢献の人生を歩む人。社会で輝くには、社会で勝ちゆく知恵が求められる。

「苦しむ心」を置き去りにしない

2017・2・10

駅のホームで手伝いを必要とする人がいる。「何かお困《こま》りですか?」と声を掛《か》けようか躊躇《ちゅうちょ》するうちに機《き》を逸《いっ》してしまった。こんな経験はないだろうか。

善行《ぜんこう》をなすときには勇気が必要だが、こうした場合は勇気のあるなしよりも、むしろ〝習慣になっているかどうか〟で行動が違《ちが》ってくるだろう。ある文化人は、困っている人に自然に手を差《さ》し伸《の》べることが「自分の人生の一部になる必要がある」と指摘する。

アメリカでは10代からホームレスへの炊《た》き出《だ》しなどを重《かさ》ねることで、ボランティア精神を身に付けるという地域がある。やり方はさまざまあるにしても、自分の小さな世界にとどまることなく、同じ「人間として」行動する日頃からの訓練や教育が重要といえる。

海外の企業から日本の企業のトップに就《つ》いた人が、「愕然《がくぜん》としたことがある」と言っていた。一つは、日本社会に「社会貢献の文化が乏《とぼ》しい」こと、もう一つは「女性の登用《とうよう》など多様性《たようせい》が乏しい」こと。ただ前者は、東日本大震災を契《けい》機《き》に「急速に根付《ねづ》いてきた」とも。

仏法は「同苦《どうく》」の姿勢——自分の心の中に他者《たしゃ》を置き、相手を理解する努力と行動を教える。震災から間もなく6年。被災地の「苦しむ心」を置《お》き去《ざ》りにせず、同苦し続ける自分でありたいと思う。

AIが問う「人間の証《あか》し」

2017・1・29

ディープ・ラーニング（深層学習《しんそう》）という技術によって、人工知能《ちのう》（AI）は著《いちじる》しい発展を遂《と》げている。

自動運転の車や、会話のできるロボットなどが登場し、日常生活にも変化が起こりつつある。2045年にはAIの知能が人間を超《こ》える、との予測もあるが、AIと人間の関係を問う視点を持ち続けたい。

AIはモーツァルトになれますか――音楽学者の岡田暁生《あけお》さんは最近よくそんな質問をされるという。〝モーツァルト風の曲が作れるか〟という意味なら

「イエス」、〃モーツァルト並みの曲が書けるか〃なら「ノー」と答えるそうだ（「毎日新聞」2017年1月16日付夕刊）。

どんな大作曲家の曲にも、独特《どくとく》のパターンがあるから、AIは、パターンなどデータの集積《しゅうせき》と組み合わせによって〃モーツァルトらしい曲〃に仕上げることはできる。だが、パターンそのものを生み出し、人々の心を打つ名曲を作ることは、偉大な作曲家、つまり人間にしかできない、と岡田さんは強調する。

AIという存在は、私たちの「人間の証《あか》し」について鋭《するど》く問い掛《か》ける。物事の善《よ》しあしを判断し、新たな価値を創《つく》り出すことは、人間にのみなせる業《わざ》。技術革新《ぎじゅつかくしん》とともに、人間が価値創造の知恵を発揮《はっき》していくならば、生活や社会は真に豊かなものとなるだろう。

サザエさんのお父さんは何歳？

２０１７・２・19

漫画《まんが》「サザエさん」の父・磯野波平《いそのなみへい》は何歳か？――正解は54歳。意外に若い。ただ連載《れんさい》が開始された１９４６年（昭和21年）ごろの男性平均寿命が50・06歳だったことを考えると、波平も〝高齢者〟として描《えが》かれたことが分かる。

現在、高齢者の定義は65歳以上。だが本年1月、75歳以上に見直すよう日本老年学会が提言した（65～74歳は準高齢者）。体力・生活機能などを科学的に検証した結果、以前より「若返り」が認められたという。

94歳になる広島の婦人部員は、家庭の貧困、夫との死別、大動脈瘤《だいどうみゃくりゅう》の大病などを乗り越え、広布に生きてきた。1人暮らしになってからも、多くの友に弘教。1月7日には同じ県営住宅に住む83歳の壮年を入会に導《みちび》いた。〝池田先生に勝利の報告がしたい〟と誓願《せいがん》勤行会に行くため、新幹線に乗った。到着した東京・信濃町で、青空を見上げて思ったという。「私は世界一の幸せ者だ」

体は確実に老《お》いるが、心まで老いる必要はない。「高齢者」といっても、社会が決めた物差《ものさ》しの一つにすぎない。「さあ師と共《とも》に！」との決意に立てば、心は若々しい青年に変わる。

「年を重《かさ》ねる」とは、見方を変えれば「熟成《じゅくせい》」ということでもある。信仰で磨《みが》かれた人間性の輝《かがや》きは、地域を照《て》らす希望の灯台となる。

三つの「無形の資産」

2017・9・15

今の日本の子どもたちは、半数が100年以上生きる――衝撃的《しょうげきてき》な予測《よそく》をした書籍が話題だ（リンダ・グラットン、アンドリュー・スコット著『ライフ・シフト』東洋経済新報社）。

〝100歳が普通《ふつう》〟の時代をどう生きるか。同書では、貯蓄《ちょちく》などの「有形《ゆうけい》の資産《しさん》」より、金銭に換算《かんさん》できない三つの「無形《むけい》の資産」が今後は強《つよ》みになる、という。第一に、働く技能《ぎのう》や知識などの「生産性資産」。第二に、健康や友人などの「活力資産」。第三に、変化に対応する意思《いし》や能力などの「変身《へんしん》資産」である。

北海道釧路《くしろ》市に、明年100歳になる壮年部員がいる。入会して61年。厳《きび》しい経済苦などを乗り越えながら、70世帯の弘教《ぐきょう》を成《な》し遂《と》げてきた。毎月の座談会でも力強《ちからづよ》く友を激励。「子、孫《まご》、ひ孫に残してやれる財産はないけど、信心という宝《たから》だけは絶対の自信があるよ」と語る。

知恵に満《み》ちた人間革命の哲学、苦楽《くらく》を分かち合う同志、そして、どんな宿命も使命に転換《てんかん》する信念――信心には、無形だがこれほど確かなものはない、人生を勝ち抜く根本《こんぽん》の力が詰《つ》まっている。

高齢社会は「心の宝」が輝《かがや》く社会。池田先生は述べている。「『高齢』とは、齢《よわい》を重《かさ》ねるにつれて、いやまして自他共《じたとも》に幸せの光を増《ま》す『光齢《こうれい》』であり『幸《こう》齢《れい》』でありたい」

「人間」を中心にした視点

2017・1・15

わが社の製品の悪口を言ってくれたら100万円——大手アパレルメーカーが売り上げに伸び悩《なや》んでいた時、こうした広告を全国紙に出し、消費者から〝クレーム〟を募《つの》った。

実《じつ》に3万通近《ちか》くの手紙が届《とど》いたが、そのおかげで製品の抜本的な見直しができ、品質が格段《かくだん》に向上した（野地秩嘉著『一流たちの修業時代』光文社新書）。

あるITシステム企業では、「残業時間を減《へ》らした分、手当《てあて》を出す」というユニークな方針を社内に打ち出した。その結果、社員の仕事の能率《のうりつ》が上がり、残業時間は半減。業績《ぎょうせき》も大幅に伸ばすことができたという（テレビ東京「カンブリア宮殿」）。

通常の経営から見れば、「逆転の発想」といえるかもしれない。共通するのは、消費者や従業員という「人間」を中心に据《す》えた視点だ。とことん「一人」の声に耳を傾《かたむ》ける。従業員の働きがいを真剣に模索《もさく》する――そこから常識を覆《くつがえ》す、斬新《ざんしん》な発想が生まれた。

目の前の「一人」を大切にするのが学会の伝統。その範《はん》を示し続けてきた池田先生と、先生の行動に連《つら》なる同志によって、世界的な民衆の連帯が築かれた。「信心のこころ全《まった》ければ平等大慧《びょうどうだいえ》の智水乾《ちすいかわ》く事なし」（御書1072ジペー）。真剣に祈り、行動する中で無限の知恵が湧《わ》き、価値創造のドラマが始まる。

黄色い点字ブロック第1号

2017・3・22

街《まち》や駅構内《えきこうない》など、至《いた》る所《ところ》で見かける〝黄《き》色《いろ》い道しるべ〟。この点字《てんじ》ブロック第1号が岡山市に敷設《ふせつ》されてから、今月（2017年3月）で50周年を迎《むか》えた。考案《こうあん》者は同市の実業家で、発明家としても活動していた三宅精一氏。きっかけは路上《ろじょう》で遭遇《そうぐう》した、ある出来事《できごと》だった。道路を横断《おうだん》する一人の視覚《しかく》障がい者。そのすぐ横を、自動車が勢《いきお》いよく走り去った。一歩間違《まちが》えれば大惨事《さんじ》だ。視覚障がい者が街を安全に歩くためにはどうすればいいか――氏は真剣に考え始めた。

ヒントは、目が不自由な友人の〝コケと土《つち》の境《さかい》は、靴《くつ》を通して分かる〟との一言だったという。ここから、地面に突起《とっき》物を配置し、足元から危険を知らせることを発案する。当事者の意見を丹念《たんねん》に聞き、形状・配列・寸法《すんぽう》などを工《く》夫《ふう》。試行錯誤《しこうさくご》の末《すえ》、完成にこぎ着けた。その後、全国で需要《じゅよう》が拡大。点字ブロックは現在、世界の多くの国々でも活用される。

かつて戸田先生は「その人のためにどうしてあげたらいいか。その慈悲《じひ》から、一つ一つ具体的な智慧《ちえ》が生《う》まれる」と教えた。人生の万般《ばんぱん》に通じる視点であろう。「目の前の一人を救《すく》いたい」との深い祈りから、無限の知恵が湧《わ》く。人生の岐《き》路《ろ》で道に迷《まよ》い、悩《なや》む友がいるならば、その足元を励《はげ》ましの光で照《て》らし、共《とも》に歩《あゆ》みたい。

〝今の職場で勝つ〟と決める

2017・5・7

新年度がスタートして1カ月。新入社員の中には、思い描《えが》いていた理想と、現実とのギャップを感じている人もいるだろう。〝向いていないのでは……〟と悩《なや》む人もいるかもしれない。

米マイクロソフト社の創業者《そうぎょうしゃ》ビル・ゲイツ氏はプログラマーの採用《さいよう》試験に、ある課題を出した。それはＩＱ（知能《ちのう》指数）やプログラミングの技能《ぎのう》の高さを問《と》うものではなく、単調《たんちょう》なトラブルシューティング（問題解決）に何時間も取り組むという、粘《ねば》り強《づよ》さを試《ため》す作業だった。氏は、最後まで課題をやり遂《と》げた受験者だけを採用した（アンジェラ・ダックワース著、神崎朗子訳『やり抜く力《ちから》』ダイヤモンド社）。

「戸田先生は、仕事への適性《てきせい》に悩む青年に対し、「自分の今の職場で全力を挙《あ》げて頑張ることだ」と激励。さらに、嫌《いや》な仕事から逃げず、祈りながら努力していくうちに、最後には自分にふさわしい仕事に到達《とうたつ》するだろうと励《はげ》ました。

そもそも仕事の適性など、自分ではなかなか分からないもの。だからこそ〝今の職場で勝つ〟と決め、努力を重《かさ》ねる。その姿勢《しせい》を貫《つらぬ》く中で、あらゆる世界に通用《つうよう》する力《ちから》が付く。やがて、進むべき道も見えてこよう。

新社会人の挑戦は始まったばかりだ。ここからが本当の勝負。胸を張《は》って目の前の課題に挑《いど》もう。

諦《あきら》めない限り常に「今、ここから」出発

2017・5・19

10歳で農場を手伝い、ペンキ塗《ぬ》り、車掌《しゃしょう》、軍隊、販売員など職《しょく》を転々《てんてん》。3度の大事故や離婚《りこん》も経験した。起業《きぎょう》した会社は相次ぎ破綻《はたん》。モーテル経営は成功したが火事で全焼《ぜんしょう》し、65歳で無一文《むいちもん》になった。

この人は世界的な外食チェーンの創業者カーネル・サンダース。〝失敗は新たな挑戦への機会〟と考えていた彼は、無一文になっても手製のフライドチキンで再《ふたた》びビジネスに挑《いど》んだ。

車で寝泊《ねと》まりしながら営業をかけ、契約《けいやく》店を拡大。年間で地球20周分もの距《きょ》

離《り》を走った。その情熱が広がり、現在120カ国に店舗《てんぽ》を展開する（中野明著『カーネル・サンダースの教え』朝日新聞出版）。

七転《ななころ》び八起《やお》きの人生に、90歳に近い多宝会《たほうかい》の婦人の言葉が重《かさ》なった。夫の死など苦難の山坂《やまさか》を越え、入会したのは60歳。「信心して、やっと私自身の人生が始まった気がします。だから、まだ〝30歳〟にもなっていないの（笑い）。いよいよ、これから。祈っていると、やりたいことがあふれてくるの」。〝生涯《しょうがい》挑戦〟の心で新しい友情を広げる。

誰《だれ》に何を言われようと、人生は自分自身のもの。諦《あきら》めない限り、勝機《しょうき》は必ずある。失敗して立ち止まったなら、もう一度、自分でスタートラインを引けばいい。常に「今、ここから」出発するのが本因妙《ほんいんみょう》の仏法である。

発想の殻《から》を破る中に真の価値創造が

２０１７・９・17

近年の建築には、建物自体の機能やデザインの良さだけでなく、低炭素社会《ていたんそ》への貢献《こうけん》や人々のコミュニケーションの創出《そうしゅつ》なども求められているという。「スキーができるごみ処理《しょり》発電所」「魚と海水浴が楽しめる美しい港」――デンマークの建築家ビャルケ・インゲルス氏は、人間生活の快適性と環境への配慮《はいりょ》を両立《りょうりつ》させたデザイン性の高い建築で、世界的に注目される。

氏のモットーは「イエス・イズ・モア」。すなわち「イエス」と答えることで、より可能性が広がる、という考え方。相反《あいはん》する条件や制約《せいやく》に対しても、決して

「ノー」とは言わない。実現の難《むずか》しさは、むしろ「デザイン上のチャレンジ」の好機《こうき》と捉《とら》える。そして斬新《ざんしん》な発想で、周囲の予想を超《こ》える新しい建築を生み出してきた（吉成真由美インタビュー・編『人類の未来』NHK出版新書）。

掲《かか》げる目標が高いほど、さまざまな困難にぶつかるもの。これまでの経験だけで判断し、「できない」と決め付けてしまえば、新しい変化を起こすことはできない。「何のための目標か」との原点を手放《てばな》さず、思い切って挑戦した時、壁《かべ》は破《やぶ》れ、新たな価値《かち》が生まれる。

人生は「まず、やってみよう」との挑戦者精神で臨《のぞ》みたい。自身の発想の殻《から》を打ち破る中に、真の価値創造がある。

〝他者の視点〟から知恵が湧《わ》く

2017・11・27

「ジャパネットたかた」創業者の髙田明さん。テレビ通販《つうはん》で進行役を務《つと》めた際、工夫《くふう》していたことがある。それは、それぞれの視聴者《しちょう》に合わせて〝商品の新しい利用法〟を提案《ていあん》することだ。

例《たと》えば、ボイスレコーダー（音声記録装置《そうち》）。通常は会議等で用《もち》いられるが、髙田さんの視点は違《ちが》った。高齢者に対しては「メモ代わりに使えば、物忘《ものわす》れの心配はありません」。子を持つ母親には「留守《るす》中、学校から帰宅したお子さんに伝言を残せます」と呼び掛《か》けた。

言われてみればその通りだが、なかなか思い付かない利用方法だ。髙田さんは「日夜考え続けて精進《しょうじん》し続ければ、変化対応、変化創造の直感力《ちょっかんりょく》は誰《だれ》にでも備《そな》わってくる」と語る（『90秒にかけた男』日本経済新聞出版社）。

万事《ばんじ》、〝こういうものだ〟と決め付けてしまえば、新しい発想は生まれまい。そうした自身の固定観念を打ち破《やぶ》る方法の一つが、相手の立場に立って考えてみることだろう。〝他者の視点〟から捉《とら》え直すことで、自身の視野が広がり、思いもよらない知恵も湧《わ》く。

友との対話といっても、まず相手の状況をじっくり聞くことから始まる。日々、何を思い、何に悩《なや》み、どこを目指しているのか。共《とも》に悩《なや》み、共に祈る中で、自他共《じたとも》の価値創造の道が開けていく。

地域共同体の再生作業

2017・6・7

〝スーパー銭湯《せんとう》〟などの人気はあるものの、都内の公衆浴場《こうしゅうよくじょう》の数は、年を追《お》って減《へ》り続けているという。

東京・八王子市のある銭湯が昨秋、創業《そうぎょう》62年でのれんを下ろすことに。だが周知《しゅうち》されるや、存続《そんぞく》を求《もと》める署名《しょめい》運動が起こった。始めた有志の一人は「住民の貴重《きちょう》な交流の場だし、震災時には防災拠点《きょてん》にもなるから」と。署名は約2600人分も集まり、感動した店主が閉店の延期《えんき》を宣言。テレビでも紹介され、銭湯は今、多くの人でにぎわう。

東京・信濃町の総本部がある場所にも、かつて「信濃湯」という名の銭湯があった。営業していた時期は、昭和21年からの10年間。戦火《せんか》で家を失《うしな》った人たちのために地元町会が作ったもので、連日満員の大繁盛《はんじょう》だったそうだ。昼間や休日には集会場として活用され、子どもたちが紙芝居《かみしばい》を見たり、婦人が民謡《みんよう》を踊《おど》ったりしていたという。

人情味《にんじょうみ》あふれる交流の場が今、世界中の人々が訪《おとず》れる地となったことに、往《おう》時《じ》を知る方々も「不思議な縁を感じる」と語る。毎夏、総本部の敷地《しきち》で行われる信濃町商店振興会《しんこうかい》主催の盆踊《ぼんおど》り大会も盛況《せいきょう》だ。

社会の平和と安穏《あんのん》を目指す「立正安国《りっしょうあんこく》」とは一面、〝地域共同体の再生《さいせい》作業〟ともいえよう。にぎやかに対話を広げながら、心通《こころかよ》い合うわが町を築いていこう。

先人の共生の知恵に学ぶ

２０１７・12・24

宮城県の水田《すいでん》地帯「大崎耕土《おおさきこうど》」が今月（２０１７年12月）、東北初の世界農業遺産に認定《にんてい》された。初代仙台藩主・伊達《だて》政宗の時代から続く治水《ちすい》や、自然と共存《きょうそん》する稲作《いなさく》の文化が、国連食糧《しょくりょう》農業機関（ＦＡＯ）に高く評価され、注目を集める。

通常、農閑期《のうかんき》の田は乾燥《かんそう》させるが、この地域では、田に水を張《は》る「ふゆみずたんぼ」という農法《のうほう》が受け継《つ》がれている。田に水を注《そそ》ぐと、イトミミズや菌類《きんるい》が繁殖《はんしょく》し、土が肥《こ》える。落《お》ち穂《ぼ》をついばむ渡《わた》り鳥《どり》の糞《ふん》は、天然の肥料《ひりょう》に。また、水中の微生物《びせいぶつ》が適度《てきど》に日光を遮《さえぎ》り、雑草《ざっそう》の成長を抑《おさ》える。こうして無農薬で栄養価が高く、味わい深い米が育つという。

動物や植物の働きを絶妙《ぜつみょう》に調和《ちょうわ》させ、大地の力《ちから》を引き出す――先人《せんじん》は、試行錯誤《しこうさくご》を重《かさ》ねつつ、長い時間をかけて動植物を観察し、その息遣《いきづか》いに耳を澄《す》ませたのではないか。先人の共生《きょうせい》の知恵に学ぶことは多い。

「共生」とは、自然界の生物を〝人間の手段〟とみなして、益《えき》するか害《がい》するかで切り分けるのではなく、個々の生命をかけがえのないものとして尊《とうと》ぶ態度のことである。それを仏法は「諸法実相《しょほうじっそう》」等の法理《ほうり》として体系的に説《と》き明《あ》かした。

一つとして無駄《むだ》な存在はない。一人として使命のない人はいない。この哲学を広げることから、共生社会の建設は始まる。

新・名字《みょうじ》の言《げん》 選集《せんしゅう》〈新時代編 2〉

2020年 9 月23日　初版第1刷発行
2020年10月 2 日　初版第2刷発行

編　者　聖教新聞社
発行者　大島光明
発行所　株式会社　鳳書院
　　　　〒101-0061東京都千代田区神田三崎町2-8-12
　　　　電話番号　03-3264-3168（代表）
印刷所・製本所　図書印刷株式会社

Printed in Japan 2020
ISBN978-4-87122-197-9